本吉《もとよし》圓子《まとこ》の

失敗させる！
6歳までの子育て

子どもは失敗するほど賢くなる

本吉圓子

新紀元社

カバーイラスト・本文マンガ――小沢ヨマ

はじめに
6歳までは失敗を通して「生きる力」を身につける

昨夜生（よべあ）れてはや青草を踏む仔牛身のどかいつも母にふれゐつ

何年か前の歌会始めに選ばれて詠まれた歌です。

ジャングルの猛獣も、人間の飼っている犬や猫も、産まれた赤ちゃんは、いつも母親の体に自分の体をくっつけるようにして、暮らしています。哺乳類の親子の自然な姿です。

人間の赤ちゃんも、母の胸に抱かれて、片方のおっぱいを小さな手で触りながら、片方のおっぱいを飲み、両方を飲み終わるまで五十分くらい、これを一日に何回かくり返します。人間が自然に育てられれば、毎日何時間も抱かれて、十分なスキンシップで、甘えが満ち足りて育ちます。

抱きしめられ、見守られ、ゆったりと愛されて育てられることが、人間の子どもにとって、かけがえのない大切なことですが、現代は、時には三ヵ月から離乳が始まり、赤ちゃんがまだ望んでいないのに、公園で、ものの貸し借り、挨拶、仲良く、順番を待って……などの大人のルールを押し付けているように思えてなりません。

髪の毛が抜けてしまったり、おねしょや指しゃぶりが始まったり、お友達を噛んだり……小学一年生からの学級崩壊、思春期になっての問題行動……なども、幼い頃に抱きしめられるような甘えが足りなかったから、と言えそうです。

意欲を燃やしてものごとに集中し、思いやりのある人間に育つには、一方で十分にスキンシップで甘えを満たされ、一方で見守られながら自由が与えられ、失敗を含む豊かな体験をすることが大切です。

今のお母さんは、失敗を恐れすぎているように思います。子どもの失敗を、自分の失敗のように受け止めるからでしょうか。

お母さんが、あまりにも子どもの失敗を恐れて、子どもの先回りをし、失敗させないようにやってあげてしまう——これが、子どもの「生きる力」を奪ってしまうのです。大人が指示命令すれば、子どもは、言われた通りに出来る子どもにはなりますが、ただ大人に従っているだけで、何の力も身につきません。

お母さんが、幼いわが子にいくら教えても、その場限りで、子どもが失敗を通して覚えることには、とてもかないません。

本書には、園や家庭で、さまざまな失敗や生活体験を通して、子どもが自分で、自主性、集中力、意欲、思いやりといった、大切な「生きる力」の土台を身につけていく実例が、たくさん載っています。

お母さん方が、この本を読まれて、本当に子どもにとって良い保育とはどのようなものであるかを理解していただきたいと切に願っております。多くのお母さん方に理解していただき、親が園に求めるものが、従来の親に評価されるための保育から、子どもにとって良い保育に変われば、必ず、幼稚園・保育園の保育が、質の良いものになります。


幼児期は失敗するためにある、と私は考えています。失敗をどう成功に変えていくか、そのプロセスこそが、子どもに「生きる力」をつけてくれるのです。

どうぞ、子どもにいっぱい失敗をさせてあげてください。子どもの失敗を見守っていることは、親にとってなかなか難しいことです。しかし、子どもの将来を考えるならば、それが、本当の親の愛情なのです。

目次

2章 「子どもは五分で変わります」

3章 虐待の中の子ども達

4章 適切な援助が子どもを立ち直らせる

5章 学級崩壊と幼児期の育て方

1章
子どもは失敗するほど賢くなる

●子どものすることには、すべて意味がある

人間の子どもは、ものごとをすべて体験を通して理解していきます。そして、その体験は、幼児の場合、最初は全部失敗ですから、幼児は失敗を通して知恵を身につけていくのです。

一例をあげますと、子どもは戸を開けたり閉めたりするのが好きですね。でも、指をはさむといけないので、お母さんは「あそこへ行っちゃあ駄目よ」と連れ戻す。でも、子どもはまた行く。お母さんは「そこはね、危ないの」と言って、何回も連れ戻します。

そんな時、一度見守ってみたらどうでしょう。

そうしたら、赤ちゃんは戸を閉めた拍子に指をはさんだ。軽い戸ですけど、でも、当たれば痛い。それで、赤ちゃんはワーンと泣いた。そうすると、その次から遊んでいる時に、「あそこガラガラしてごらんなさい、面白いわよ」と言っても、赤ちゃんは絶対に行きません。

子どもが何かをやっている時に、静かに見守っていてあげると、「あぁ、子どもはこうして学んでいくんだなぁ」と分かるのです。

＊＊＊

子どもは確実にそういう失敗の体験を通して伸びていきます。

つまり、子どものやっていることに価値はないかもしれません。だけど、全部意味があるのですね。

●教えるより、失敗から学ばせる

失敗から学ぶということでは、こんな例があります。

年長の子ども達が、広告の紙で飛行機を作って遊びました。誰の飛行機が一番よく飛ぶか。子どもはみんな、思い思い、大きい飛行機、小さい飛行機、厚紙で作ったり、うすっぺらいので作ったりしています。

そうして、誰ちゃんがどこまで投げたという印を付けていきました。「ぼく一番」とか「二番」、「三番」と言いながら。「あぁ、さっき、かずまちゃんが一番だったけど、今度は四番だ、覚えておいてね」と言って、みんなでやっています。

何回戦かやっているうちに、「覚えてる？」と言ったら、「最初は三番だったけど、次は四番だったかなぁ」と、みんなうろ覚えなのです。

「どうしたらいい？」と言ったら、「紙に書いておけばいい」と言って、紙を持って来ました。

そうしたら、そのかずまちゃんが、紙を横にして、右端の上の方に「かずま」と書いたのです。その下に、五、六人が名前を書きました。そして、一回目は一番とか、二回目は三番とか、書くのです。

だんだんやっているうちに、かずまちゃんは、最初は一番、その次は四番、その次は五番だ、その次は一番向こうまで行って一番と、結構間をあけて書いている。ところが、二番目の子どもはくっつけて書いて、最初は三番だった、その次は二番だった。線がないから、もう、グチャグチャになって、最後の子なんか、小さくしか書けません。

それで、トータルして誰が一番か。書き方がゴチャゴチャで、それが分からなくなってしまった。

それはそれで、私はいいと思いました。

ところが担任はショックだったようで、「あれだけ毎日、線を引いて書いていけば、きれいに整然と数字は書けるということを教えているはずなのに、こうなった」と言うのです。

でも、それが間違いなのです。つまり、教えたから出来なかったのです。

最初に、この困る体験をしておけば、その次からは、「最初に線を引いておいた方がいいんだ。フリーハンドで引くとグチャグチャになるから、定規を使った方がいい」と分かります。その失敗の体験がないから、こんな、一年の終わりになっても、そういう書き方をして、ゴチャゴチャになって困った。先生にすれば、見学の方もいらっしゃるし、すごくショックだったのです。

＊　＊　＊

先日のことですが、その子ども達は、この失敗を体験したことによって、「こうしなさい」と言われなくても出来るようになりました。

「あ、これ駄目だ。最初に線を引いとかなきゃ」

「名前は右側じゃなくて、左側に書いた方がいい」

「そうね、日本語は縦に書く時は右からで、横に書く時は左から書いた方がいいね」

これで全員が分かっていくのです。

そういう失敗の体験を省略して、始めから早く出来る子ども、定規を使ってきちっと線を引いて書ける子どもにしたいと思って、いくら教えても、結局は、また振り出しに戻るのです。ですから、お母さん達がいくら子どもに教えても、その場だけです。子ども達が苦労して、体験を通して学ぶということには、もう、とてもとてもかないません。

そういうことを、私はお母さん達に、いつもお話しするのですが、そうすると、お母さん達にはよく分かってもらえます。

●幼児は失敗しないと分からない

ですから、失敗をした子どもはすごく得をするのです。

たとえば、プールに入る時に、「おしっこに行ってから、水着に着替えましょう」と言わないとします。そうすると、朝、みそ汁を飲んだり、お水を飲んだり、牛乳を飲んだりして来て、十時くらいにプールに入ると、入ったとたんに、「おしっこ、おしっこ」です。

すると、濡れた水着を脱いで、ちょっと拭いてトイレに駆け込んで、おしっこをしてきて、またびしょびしょの水着を着て、そしてプールに入る。

この時に、大人が、「プールに入ってからおしっこというと、すごく大変で面倒くさいよね。だから、私達大人は、プールに入る前にちゃんとおしっこに行っといて、そして、お尻を消毒して、体操して入る。すると終わるまでおしっこに行きたくない。だから大人は、そういうふうにするんだ」と言うと、「あぁ、そうか。じゃあ、ぼくもしよう」、「私もしよう」となります。

これは本物なのです。失敗を通しているのです。

ところが、年長の先生はプールに入る前に、「さあ、おしっこに行ってらっしゃい」と言います。そうすると、みんなサーッと行きます。

「水着に着替えなさい」

「はい」

「はい、準備体操よ。間あけて。そう、そう、駄目、駄目」

というように教えてやります。

夏中、三カ月間、この年長の失敗させない先生は、声をからして、「トイレに行きなさい」、「準備体操の時は広がって」と注意しています。でも、子ども達は、先生に叱られるからそうするだけなのです。

三歳の先生は、全部の子どもに失敗させました。

体操の時も黙って見守りました。みんながぶつかって、

「いたーい。誰ちゃんがぶった」

「じゃあ、どうしたらいい？」

「離れればいいの」

「あ、そう。じゃあ、離れて」

と言って、離れました。

翌日からみんな、ちゃんとバラバラに離れて立って体操です。幼児にとっては、適当な空間を置いて、一人ずつバラバラに立って体操の体形になるということは、非常

に難しいことなのです。でも、失敗した子どもは、それが言われなくても出来るのです。

＊＊＊

幼児期の子どもは、大人が、目的に早く到達したいために、命令したり、指示をすれば、大人の言う通りになります。見た目は整然としています。しかし、何のためにそうするのか、ということは分かりません。

そこで、子ども達に大変ですけど失敗させて、その中から自分で考えさせる。これが「生きる力」なのです。

●幼児のすることを、見守っていられますか？

幼児が自分で考えて、自分の行動に責任を持つ。そのように育つためには、大人が幼児の失敗を見守っていられる、ということが大切です。

幼児が立ち向かうものは、全部新しい体験です。最初はみんな出来ません。出来ないことが当たり前で、子ども達がいかに出来なくて、つまずいて、いろんなことをやってみるか。その寄り道の体験が多ければ多いほど、「生きる力」がしっかり身につきます。

＊　＊　＊

園で、子ども達が船を作って、水に浮かべる時も、子ども達の船は、傾きながら水面を行く。その時に、「先生のお船はちゃんと、スーッと行くよ」と言うと、子ども達は「えーっ！」とびっくりします。

どの子の船も、一枚の板だけだとスーッと行きます。ところが、板がもう一つ乗っかって、旗でも立てようものなら、とたんに傾くわけです。

「どうしてだろう？　そういえば、先生はさっき水の上で、船をいろいろ動かしてみて、何か印をつけていた。ぼく達が何となく板の上にもう一つ板を乗せたら、こんなに傾いた。そうだ、印をつければいい。先生のように、鉛筆で印をつけて、のりか何かでくっつけといて、こっち側からクギを打たなきゃ駄目なんだ」

そういうことを、すべて子どもは失敗を通して、自分で学んで、身につけていくのです。

●園で失敗を経験させておけば、後が安心

若い核家族が多い園で、敬老の日の前に、おじいちゃん、おばあちゃんに、みんな手紙を書きました。家から切手代をもらってきて、郵便局で切手を貼って出すという体験をさせようと思ったわけです。

「じゃあ、明日、八十円の切手代を持ってらっしゃい」と、子ども達にわざと口で言いました。大抵のお母さん達は、それで忘れたりすると、「我が子が不憫《ふびん》だ、かわいそうだ」と言います。

大多数の子どもは持ってきます。ところが、必ず、一人か二人忘れる子どもがいたり、十円落として七十円しかなかったり、いろいろあるわけです。そうすると、出す時に、郵便局の人から七十円じゃあ行かないと言われます。

そこで私は、「郵便局の人にはわるいのですけど、それを、子どもに失敗を通して知らせたいので、すみませんけど売ってください。郵便局の方にごめいわくをかける

のは分かっています。付箋がついて、料金が不足で戻って来ますから。でも、そういう体験をさせたいのです。全部、スーッと行っちゃうと仕組みが分からないので、ちょうど、十円落としてきましたから、売ってください」と言いました。

八十円の切手を買ったり、七十円の切手を買ったりして、みんなが出しました。

その時に、お金をお家から持って来るのを忘れてしまった子どもは、見ているだけです。すごく寂しい思いです。もう、お通夜みたいに黙っています。八十円切手を貼って出した子はルンルンです。七十円切手の子どももルンルンです。五十円落として三十円切手を貼った子もいます。

さて翌日、料金の足りない手紙に付箋がついて戻ってきました。「あぁ、これは、ちゃんと八十円でなければ行かないんだ」と、初めて分かります。それから、忘れてしまった子は、すごいショックです。

＊　＊　＊

そうすると、親から電話がかかってきました。

「うちの子どもの心に傷がつく。まだ小さいのに、そんなことをさせる必要があるのですか」

そのお母さんに、「こういう経験があっても、ちゃんと後で、そういう子どもこそ、今度は気をつけます。保育園、幼稚園は、ただ一回、失敗だけの経験では終わらせません。必ず、もう一回、二回とチャンスを作って、出来たという達成感が得られるように持っていきますので、もうちょっとがまんしてください」と言っても、お母様によっては「もう、こんな幼稚園になんか入れていられない」と言って、すごい勢いで怒っていらっしゃいます。

その園の場合がそうだったのです。それで、園長先生もずいぶんお話ししたのですが、なかなか分かってもらえない。

その親は、「幼児だから、親にちゃんと手紙を出さなきゃいけないんだ」と言うのですが、私は、「じゃあ、いつからいいのですか？　学校に入った六歳の四月からならいいのですか?」と言いました。「学校では、『今日、宿題を出しました』とか『今日、明日も本を持って来るように言いました』などと、いちいち親に言いますか？学校に行ったとたんに、ないじゃないですか。保育園や幼稚園で失敗を経験して、出来るようになっておけば、あとが安心です」

失敗を体験させる
明日、お手紙を出すので切手代、80円を持ってきましょう。
●次の日、手紙を書いて郵便局へ。
10円落としたから、70円切手にしよう。
80円切手を買ったよ。
あーあ
お金をもってくるの忘れちゃった
ペタッ
ペタッ
●その次の日。
戻ってきちゃったー70円切手じゃダメなんだ…
あれー
お手紙届いたよ！
ニコッ
つまんないなー今度は忘れないようにしよう！
あーあ

●一日で取れる、本吉流おむつ外し作戦

失敗させて覚えさせるという点では、おむつを外すという例も分かりやすいと思います。

人間、誰でもおむつを外す時期があります。満二歳、だいたいこの頃が一番取りやすいのですね。

二歳というのは、トイレに行くことも遊びで、面白いのです。四、五歳になれば、遊ぶのが面白くて、トイレに行くのはいやです。二歳は面白い。膀胱《ぼうこう》におしっこがいっぱい溜まって、「おちっこ」という言葉が言える時期です。トイレに何回行っても苦にならないし、恥ずかしくもない年齢です。この頃のことは、ほとんど全部忘れてしまいます。ですから、ちょうどいいのです。

＊　＊　＊

子どもは、絨毯《じゅうたん》が濡れても、畳が濡れても、平気です。そういう時期におむつを外

すのです。

この失敗は、多ければ多いほど、スパッと一日で替えられるわけです。多ければ多いほどいいということは、つまり、おしっこをする回数が多いほどいいということですね。

普通の生活では、二歳ぐらいだと、朝、昼、晩の三、四回ぐらいしか、しなくなってしまいます。ところが、飲めば回数が多くなります。水はなかなか飲んでくれませんから、牛乳のカルピス割りのような、甘くておいしいものを作っておきます。

まず、好きなパンツを買いに行きます。前の日に、子どもとお母さんとでパンツを買いに行って、子どもに選ばせて、好きなパンツを買ってきます。これがミソなのです。

好きなキャラクターの柄のパンツをはいて、冷たい飲み物を飲んだら、ジャーッとすぐ出ます。「あらら、大変」です。大人は、下が濡れて大変なのです。でも、子どもは、自分の大好きなパンツが濡れちゃった、そのことがショックなのです。

すごく、ショックを感じさせて、おもむろに片付けてから、「実は、もう一枚買ってきてあるんだ」と言って出すとホッとする。そして、はかせてあげる。また、飲み物を飲ませる。しばらくするとジャーッと出る。二回目もまた失敗。「こうやってね、おしっこが出る時はトイレに行くのよ」と教えてあげます。

三回目もジャーッと出ました。今度は、何となくもじもじして、出そうになって部屋の隅に走って行った、あるいは、お母さんのところに来た。「おしっこなの？」と言ったけど間に合わなかった。

四回目、五回目、だいたい分かってきます。

つまり、失敗の回数が、一日で多ければ多いほど、おしっこが出るという感触が分かってくるのです。そうして、トイレに行けるようになるのです。

一番わるいのは、出そうになる時間を見計らって、先回りをして、「あら、そろそろおしっこ出るんじゃない？　出るんじゃない？」と言って、失敗させない。これでは、何にもなりません。

つまり、失敗して、ジャーッと出ちゃうことによって、子どもにおしっこが出る感覚が分かるというわけです。

＊　＊　＊

おむつ外し大作戦
大すきなパンツ
ビチョ
ビチョ
大すきな
パンツ
まだあるよ
ビチョ
ビチョ
これを3回.4回.5回と
くり返しているうちに…
ハッ
パンツが
ビチョビチョ
になる…
おちっこ
おちっこ

その失敗をさせるのが、聡明なお母さんです。これを、しつこくお話ししたお母さんで、その通りにやってみた方は、みんな一日で取れています。

保育士がやると二、三日かかるのは、先回りをして、失敗させないからです。こうすると駄目なのです。白いパンツですると二、三日かかるようです。

●その失敗にふさわしい年齢がある

ですから、失敗をさせるには、その失敗にふさわしい年齢があるのです。

たとえば、水溜りがある時に、四歳児は水溜りにバチャバチャ歩いて入っていきます。靴の中までビッチョビチョになってしまいます。気持ちがわるい、冷たい。濡れている靴なんか、いやです。でも、自分のやったことだから、どうしようもないわけです。

お迎えにいらしたお母様が、「あら、まあ、うちの子ども、ビッチョビチョの靴で。先生が、ちゃんと注意してくださらないから」と言って、大抵こちらを恨みます。

さて、この次、また雨が降り、水溜りが出来ました。私達が、「今日もまた、ビチヨビチョにして遊ぼうか」と言ったら、「いやだ」と言って、ちゃんと靴を脱いで裸足で遊びます。でも、いっぺんもビチョビチョの体験のない子は、靴を履いたまま入ってしまいます。全部、失敗を通して分かるのです。

ちゃんと、子どもは失敗するように生まれてくるのです。

でも、一歳の赤ちゃんに、この水溜りで失敗の体験をさせても、駄目なのです。また、何回でもやります。

たとえば、こまを回すのに、五歳だから失敗しながら出来る。プールも五歳、六歳だからこそ泳げたという成功感、達成感を味わえます。これを三歳の子どもにやってもアップアップするだけで達成できません。二歳だから、何度も失敗して、おむつが取れるようになる。

ですから、その失敗をするのに、ちょうどいい年齢があるのですね。

＊　＊　＊

練習しなくて出来るものをやらせても、子どもは伸びていきません。少し目標を高めに置いて、失敗しながら出来ることに挑戦させる。

挑戦させるのですが、やはり、愛されているという安定感が心の中になければ、絶対に挑まないのです。これがふしぎなところです。

●幼児の公園ストレスに気をつけて

津山で子育て相談をした時に、あるお母さんが一歳八カ月の赤ちゃんを抱いていらしたのです。その子は、髪の毛が全部ないのです。腸チフスのあとか、抗がん剤を飲んだあとみたいに、ほとんど髪の毛がないのです。

ああ、がんか何かかなあ、と思って、「ご病気ですか?」と聞きました。

「いいえ、そうじゃないのです。健康なのですけど、髪の毛が抜けちゃうのです。お医者さんに診てもらいに、内科に行ったら皮膚科に行け、皮膚科に行ったら神経科に行け、神経科に行ったらストレスだって言われました。でも何にも理由が思い当たらないのです」

「お母さん、ご夫婦仲はいいですか?」

「ええ、仲はいいです」

「何か家庭に問題はありませんか？」

「ありません」

「今日、何をしましたか？　思い出してください」

「公園に行きました」

「ああ、やっぱり。公園は毎日行ってらっしゃいますか？」

「ええ。歩けるようになってから、ずーっと、雨が降らないときは行ってます」

「トラブルが起こりませんか？　たとえば、一歳八カ月だったら、何か物の取りっことか」

「あ。しょっちゅうあります。今日も、そういえばありました」

「何をしました？」

「砂場の道具を持って行きました。シャベルや何かを。砂場で遊んでいたら、お友達が何人か来て、いっしょに遊んでいました。そのうちに泣き声が聞こえたので行ってみたら、自分の持っていたシャベルを他の赤ちゃんが取っちゃって、それを取り返そうとして、けんかになって泣いてました」

「その時、お母さん、どこにいましたか？」

「ベンチに腰掛けて、他所のお母さん達とお話をしていました」

「ああ、分かりました。毎日のように、そういうトラブルがありませんか？」

「あります」

「私は保育所にいた人間です。ゼロ歳から赤ちゃんを預かりました。赤ちゃんはお友達を求めていません。自分が抱かれていて、他のお友達が動くのを見るのはいいのです。でも、自分のお母さんが他の赤ちゃんを抱いたりするのはいやなのです。お友達と仲良く物を分け合うことができる年齢ではないのです。仲良し、きらい。分けるの、きらい。順番、分からない。待つのもいや。みんないっしょ、大きらいの年齢です。公園で他の子どもと遊ばせないでください。


時には譲ったり、時には順番を待ったり、半分こが楽しくできるようになれば、集団を楽しめます。もっと極端に言えば、集団でやるゲーム、ドッジボールなんかのゲームは、本当に楽しめる年齢は六歳です。自分が取ったボールは、三歳、四歳だったら、自分でポンと投げちゃいます。絶対人になんかあげません。でも、年長の六歳になると、このボールは自分が投げるよりも、お友達にパスしてあげたほうがチームは勝つ、というふうに考えます。それができる年齢が本当に集団を楽しめる年齢です。

何となく集団で遊んでいるようでも、本当に楽しめているかというと、そうじゃない。人に譲ることが楽しい、待って順番があるから楽しいんだということが分かる年齢、これは五歳なのです。

赤ちゃんは、人といっしょはいやな年齢です。お家にいらっしゃれる方が、なぜ一歳の赤ちゃんを集団の中に連れて行くのですか？」

とお話しして、帰りました。

その次、津山に行きましたら、そのお母様がいらっしゃって、「あのあと、公園に行かなくなったら、すぐ髪の毛が生え始めました。一カ月経たないうちに全部元通りになりました。ストレスでした」とおっしゃいました。

＊＊＊

一歳、二歳の子どもを、親は平気で公園へ連れて行って、他の子と遊ばせようとします。それをいいことだと思っているのです。それで、赤ちゃんは、よく円形脱毛になったり、チック症になったりします。

ですから、一歳、二歳の赤ちゃんは、お外に行って、見てくるくらいはいいのですけど、いっしょに遊ぶという年齢ではないのです。

逆に言えば、五歳になっても「お友達がいや。お家がいい」と言ったら、これは問題です。

幼稚園制度で、二歳からとか三歳からとか言いますが、私は学齢前二年間ぐらいがいいと思います。もし三歳からというのでしたら、三歳は、一学期はもう本当に一時間で帰ってきていいし、ときどきお弁当があるくらいでいいのです。

これは公園ママへの警告です。円形脱毛とか、チックとか、夜泣きをするとか、一歳、二歳の赤ちゃんが公園で他の子どもと遊んでいておかしくなるという例が、他にもいろいろあります。

●時にはビリになるのも、いい体験

仙台の幼稚園であった、つい最近の話です。

マラソンで、いつも一番になる子どもが、たまたま転んでビリになった。

いつも、何でも出来る子どもなので、先生が「お母さんに、何てお話ししようかな」

ビリになるのもいい体験
いつも1番！
イエーイ
1番だよ
でも、ある時…
あっ
ころんで
ビリになって
しまった。
ビリなんて
カッコわるい…
もう走るのイヤだ…
がんばれ
でも、
最後は…

と思っていたら、お母さんが、「大変いい体験をさせていただきました。あの子は、割合とかけっこも早いし、何でもそつなく出来る子どもです。何かそういうチャンスがあればいいと思っていたら、たまたま転んで、マラソンでビリになった。本人も悲しかったし、くやしかっただろうと思います。でも、これでビリになる人の気持ちも分かったでしょう。それから、最後に走って、園の門を入って来た時に、みんなが手を叩いて待っていてくれた。あんな体験、一生に、この一度だけかもしれない。いい体験をさせていただきました」とおっしゃったのです。

私は、こういう素敵なお母さんを見ると、「あぁ、このお子さんは幸せだな」と思います。

2章

「子どもは五分で変わります」

●大人の本気が伝わった時、子どもは変わる

私が、講演会で、「子どもは五分で変わります」と言うと、皆さんがびっくりされます。

私は、子どもがこれで変わるとか、変わらせようとか、そういうことはまったく考えていません。ただ、夢中になる。子どもと向き合って何かをする、それを、もう、夢中になってやります。

ですから、かるたでも、取れない子どもがいたら、何時間でもつきあって、その子が取れるようになるまでやります。子どもは、最初はうんざりしたような顔をしていますけれど、最後に取れるようになって、勝てると、バンザイしたいような気持ちになる。

その時、子どもに私の気持ちが伝わるのです。

「あ、この人は本気だな。あんなに他の人がいろいろ言ってきても、振り向きもしないで自分の方を見ていてくれる」

たったそれだけのことなのです。そして、その子が本当に見てもらいたいところを、見てやれるかどうかなのです。

ですから、これは理屈ではないのです。

●努力しないみさきちゃんが変わった

困った子にもいろいろありますが、親が一番困るのは、たとえば、「そんなの簡単だもん、出来るよ」と言うだけで、実際には、何もやろうとしない子どもではないでしょうか。

幼児ですから、出来ないことがあったら、「ねぇ、先生、教えて、教えて」と言う子どもは、安心です。「ねぇ、見てて、見てて」と言うのも、安心していられます。

でも、「そんなの簡単だもん」と言って、何にも努力しない。そして、プライドばかりが高い。これは困るだろうなと思います。

＊　＊　＊

大分県のある園に行きましたら、百二十ピース、百五十ピースの、大きいジグソーパズルを女の子達がやっていました。

みさきちゃんという子どもが、それをじっと見ながら、「あぁ、それ、違うもん、違うもん」と言っている。確かに、絵柄が多いところにピンクなんかを持ってくると、パッと見て違うというのが分かるわけですね。「そんなの違うもん、ヒー」と言ってひやかしながら、自分はやっていないのです。

私は、側に行って言いました。

「みさきちゃんはやらないの？ みんなに、ヒー、ヒーッと言ってひやかしてるけど」

「そんなの簡単だもん。出来るもん」

「じゃあ、やってみよう」

「そんなの簡単だけど、やらない」

私は、これはおかしいと思って、ジグソーパズルを持って来たのです。

「いっしょにやろう」と言ったら、「やらない」と言うのです。「やりなさい！」と言ったら、猛烈に抵抗するのです。そうしたら、そのやっていた三人が、「おばちゃん、それはちょっと難しいから、みさきちゃんにいいのを持って来てあげる」と言って、十ピースぐらいの、やさしいのを持って来たのです。

さて、今度は、プライドがあるわけです。「そんなの簡単だもん」と言って、やっぱりやろうとしない。そこで、その三人に協力してもらって、みんなでやったのです。

そうしたら、最初は、私を蹴っ飛ばして抵抗していました。今までやっていないから、難しいのですね。でも、とうとう、やり始めて、二、三枚出来たのです。

そして、昼食になって、その日はカレーライスだったのですが、「ご飯、食べよう」と言ったら、みさきちゃんが、私を引っ張っていって、「おばちゃん、らっきょうや福神漬け食べる?」と言う。「うん、食べる」と言ったら、「じゃあ、持ってきてあげるね」と言って、持ってきてくれて、二人でいっしょに食べたのです。

あとで、みさきちゃんからお手紙が来ました。

みさきちゃんが変わった
え？
ヒーヒーッ
あぁぁ それ ちがう もん
みさきちゃんは やらないの
簡単だもん 出来るもん
やろうよ
ヤダー
これ、いっしょに やろうよ
ジグソーパズル
できた！ できた！ バンザーィ！

●だいち君をやる気にさせた四枚のトランプ

私は、いろんなところで、そういう、やる気のない子どもに出会います。

これは御殿場の園でした。

私が部屋に入って行きましたら、子ども達が神経衰弱をやっていて、ちょうど終わったところでした。四、五人の子どもが、「さあ、やめた」と言って、外に出て行こうとしたら、だいち君という子が、「きたねーよ。こんなのズルイよ。だって、ぼくなんか一枚も取れないんだもん」と言うのです。

それで、子ども達は、また並べ始めました。ところが、彼は、「こんなの簡単だよ」と言って、人がめくるところを全然見ていないのです。だから、一枚も取れません。そして、子ども達がやめようとしたら、「きたねーよ。もう一回やろう。もう一回やろう」。

そこで、私が「あなた達、もう、やりたくないんでしょ」と聞いたら、「うん。やりたくない」という返事です。「じゃあ、おばちゃんがだいち君と二人でやるから、あなた達、遊びに行ってもいいよ」と言ったら、よろこんで外へ出て行きました。

さあ、だいち君と二人です。簡単なことですが、このへんが、ちょっと頭を使うところです。この、やる気のないだいち君をどうするか。

＊　＊　＊

「そんなの簡単だよ」と言う子どもがわるいか、というと、そうではなくて、それだけ頭の回転も早いし、自尊心の高い子どもだと思います。でも、幼児からこうなってしまうと困るのです。

そこで、だいち君に言いました。

「だいち君。神経衰弱っていうのは、お友達が開けた時、『あ、ここに5がある。あ、ここに8がある』ということを覚えていて、今度、ぼくが5を開けた時、『あ、このへんだったな』と見当をつけて、5を開けて取れた、そういう喜びのあるゲームなんだけど、おばちゃんが見ていたら、だいち君は人がやってるところを、全然見ていなかった。これでは永久に出来ないよ。

おばちゃんは、あなたが一生懸命見ていても出来ないのだったら、仕方がないと思う。でも、『そんなの簡単だよ』と言って、見てもいなくて、みんなが終わると、『一枚も取れないんだもん。もう一回やろう。もう一回やろう』と言うのは、まわりの友達にめいわくだ。

でもね、私は先生だから、あなたみたいな子どもを見ると、黙って見捨てるわけにはいかない。さあ、おばちゃんとやろう」

その時、私が使ったトランプは、たった四枚です。二組ですね。そうして、四枚を伏せた。

こういう時は、じゃんけんしないで、おばちゃんが先、と言って、私はわざと1のエースと5を取りました。

「おばちゃん、1と5を取った。はい、違っていたから伏せました。今度はぼくの番。だいち君、取ってごらん」

「あ、これ5だ。どっちだったかな」

「そう、そう、そう、開けてごらん。取れたね。また、おばちゃんが開かなかったところ、取ってごらん。そう、1だ。四枚全部取れたじゃない。ね、もう一回やろう」

こうして四枚から六枚にする。

「取れた。六枚でも、八枚でも。ぼく、六枚で、おばちゃん二枚しか取れない。すごいね」

こうして、取れれば面白くなるから、乗り出してきました。

その間に、何回も、園長先生がいらっしゃいました。

「先生、もう、講演の時間ですから。十時半になりますから来てください」

「すみません。ちょっと十分遅らせてください」

それから、さっきやっていたメンバーを呼んできて、また六人になって、神経衰弱をやりました。そうしたら、今度は、だいち君がいっぱい取れるのです。みんながびっくりしている。

「だいち君、すごい。おばちゃん、教えてあげたの？」

「だって、これは教えてあげたって、自分でやらなければ出来ないよね。だいち君は、自分でやる気になって、やろうと思ってやり出したの」

そうしたら、みんなが、

「だいち君、おりこうだね。がんばったね」

「そう、がんばった。偉いと思うよ。ほら、だいち君、一生懸命やれば、みんながいい子だって言ってくれるでしょ」

そこには、「きたねーよ、ズルイよ」と言っていただいち君は、もういませんでした。

＊　＊　＊

ここで、やらせないのが愛情なのか、しつこく、しつこくやらせるのが愛情なのか。

これは、私は「しつこく、しつこく」の方に軍配を上げたいのです。

ここで逃げる保育者が、すごく多いのです。やらなければ楽でいいのです。

でも、私はやります。

●どの子も本当はやってみたいのです

もうひとつ、これは別の園の例ですけど、ゆかちゃんという子が、私の前にジグソーパズルを持ってきて、遊び始めたのです。十二ピースぐらいで、雲が二つ三つあって、お家が一つあって、木が一本あってという、三歳でも、二歳でもできそうな、本当に簡単なものです。

ゆかちゃんは、そのパズルの箱をパッと裏返して、それから、その通りに入れていくのです。これなら簡単で、すぐ出来ます。

そこで、私が、その次の時に、ピースをガチャガチャとかき回したのです。

ゆかちゃんは泣きだしました。

「駄目！　やらなきゃ。一分でやれるまで、おばちゃんから離さない」

そうしたら、泣きながらしぶしぶやりだしたのですが、すごく時間がかかるのです。

「まだ駄目、まだ五分もかかっている。こんなのは一分あれば出来る。三十秒だって出来る」

もう何十回もやって、とうとう一分で出来たのです。

「あぁ、出来た！」と言ったら、遊んでいた子ども達がみんな「バンザイ」と言って喜んでくれました。

＊　＊　＊

そうしたら、他の子ども達が、

「おばちゃん、ぼくにもやらせて」

「私にも」

と言ってきました。

こんなのは、この子達は一分で出来るのです。だから、自分達も認めてもらいたいから、やらせてくれと言ってくる。でも、私はやらせません。

担任の先生に、

「私が、他の子にやらせないという意味が分かりますか？　ゆかちゃんが、もう少し早く出来るようになって、自信がついた時に、ちょっとクラスの中でおっとりしたような子どもに、『今日は、あなたにやらせてあげる。どっちが早いかな？』と言って、やってみたら、ゆかちゃんが早かった。また、誰ちゃんとやってみたら、ゆかちゃんが早かった。こういうふうに、人間として、努力したらいいことがあるというふうれしさの第一歩、これを踏ませなければいけません。

ただ、あの子はしょうがない、やる気がなくて、プライドだけ高い、と言っているだけでは、保育者として何もかかわっていません。どの子も、本当はやりたいのだから、そのやりたい気持ちを満たしてあげてください」

と言って帰って来ました。

●幼児期は失敗するためにある

プライドばかり高くても、努力しなければ出来ません。そして、そういう努力を、恥ずかしくなく出来るのが幼児期なのです。

大きくなったら、失敗するのが恥ずかしくて出来ないことでも、幼児期なら出来るのです。ですから、この幼児期に、いろんなことに挑戦させて、いっぱい失敗させてあげる。それが、幼児期の育て方で、とても大事なことなのです。

ところが、今は、大抵のお母さんが、わが子に失敗をさせないように、先回りして、やってしまいます。逆のことをしているのですね。

だから、子どもに「生きる力」がつかないのです。

＊　＊　＊

親の期待がすごく高かったりすると、子どもは、先を読んで、もし、失敗したら、もし、一等賞になれなかったら、という思いを持っているのです。そういうものを、大人が砕いてあげなければいけない。

私は、幼児期というのは、どんなにみっともない思いをしても、恥ずかしい思いをしてもいいから、とにかく、出来たという達成感が得られるようになるまで、見守るべきだと思います。最後までその子に責任を持てるかどうかですね。

つまり、大人が、命がけでその子どものためにやっているかどうか、あるいは、他の大人や子どもがいろいろ要求を出してきても、「今、私は、けんちゃんと遊びたいの」とか、「今は、あやこちゃんのお話を聞いてあげたいの」とか、「ご飯ですよって呼びに来ても気にしなくていいのよ。あなたの言うことを、おしまいまでちゃんと聞いてあげる」と言って、しっかりとその子に向き合っているかどうか。子どもは、そこを見ているのです。

そして、そこで子どもが変わるのです。

●「どんな子どもでも、五分か十分で変わります」

講演会で、「どんな子どもでも、五分か十分あれば、みんな変わります」と私が言いましたら、聞いていた保育園の方がびっくりして、「私のボーナスを全部払うから、本吉先生に、うちの保育園へ来てもらいたい」とおっしゃいました。

そこの園長先生からも「来てほしい」というお手紙をもらいましたので、静岡のその保育園に行きました。

＊　＊　＊

その園には広い園庭があり、私は、はしっこの方にある鉄棒に寄りかかって、子ども達を見ていました。

そうしたら、よしたかちゃんという子どもが側に来て、

「おばちゃん、どこから来たの？」

「東京から来た」

「ぼく、東京に行ったことある」

「あ、そうなの」

「おばちゃん、何に乗って来た？」

「新宿からロマンスカーで沼津行きに乗って来た。ぼくは、東京へ誰と行ったの？」

「おじいちゃんと、おばあちゃんと、お父さんと、お母さんと、お姉ちゃんと、ぼくで行った」

「あぁ、すごい。お話がよく出来る」

「ぼく、鉄棒出来る」

「あ、そうなの。じゃあ、ここをどくから、やって」

そうしたら、鉄棒の下にベンチがあって、よしたかちゃんはその上に上って、鉄棒を持って、くるっと回ったのです。

「ほら、出来たでしょ」

「インチキ、そんなの。ちゃんと地面に立って、くるっと回るのは出来たのだけど、そんなのインチキだ」と言ったら、「ウワーッ」と、それこそ天にも届くような大きな声で泣き出したのです。

保育園中の先生が集まって来て、子ども達も寄ってきました。

そうしたら、担任の先生が、

「その子なのです、一番困っているのは。泣いたら止まらないのです。毎朝、泣いて来るのです」

「あ、そうですか。でもね、事実は事実で、これ、インチキですから」

そして、私はよしたかちゃんに言いました。

「くやしかったら、ちゃんと下に立って回りなさい。そうしたら、鉄棒が出来たということになる。はい、やって！」

それで、やりだしたのです。そうしたら、すぐ出来るようになりました。

「おばちゃんはね、ぼくは出来ると思った。さっき、『おじいちゃんと、おばあちゃんと、お父さんと、お母さんと、お姉ちゃんと、ぼくで行った』と言った時、順序がちゃんとしっかりしていたから。ぼく、何歳？」

「四歳だけど、もうすぐ五月で、五歳になる」

「そうか、すごい」

そうしたら、今度は、「逆上がりも出来る」と言って、やりだしたのです。

＊　＊　＊

そうしていると、園長先生が来て、

「あの子にも困っているのです」

「あ、そうですか。あの、自転車に乗っている子でしょ？」

「ええ、そうです」

けいじ君という子なのですが、もう、すごいのです。おままごとをしているゴザの上も自転車のまま、ジャーッと行くし、ジャングルジムに上ろうとしている子どものすれすれのところを、ジャーッと走るから、みんな「キャー、キャー」と言って、あっちこっちで逃げ回っています。

「毎日、ああなのです。一日中、自転車に乗って、みんなを怖がらせたり、いやがることをやって、いくら注意してもよくならないのです。目はいつもつり上がっていて、先生方から『あの子さえいなければ』と言われている子です」。

そこで、その子がすぐ目の前に来たから出て行って、「ストップ！」と止めたのです。怪訝《けげん》な顔をして見ていました。

「上手い！ 君の自転車、すごく上手い。スイスイ乗ってる。きっと園長先生より上手だと思う。ちょっとわるいけど、この自転車貸して？ そして、おばちゃんといっしょにここで見てて。さあ、園長先生、すみませんけど、この自転車に乗って、さっきのおままごとのゴザの側を四角く回ってください」

そうしたら、「あぁ、四角ですか」と言って、園長先生は内側の足を下に着けて、四角く、真剣な顔をして乗って来ました。

私はけいじ君といっしょに見ていて、

「けいじ君、園長先生は下手でしょ。ちょっと足を下に着いて……。ぼくなら、もっと上手く回れるんじゃない？」

「うん」

「じゃあ、今度は、ぼくがやってごらん」

神妙な顔をして乗っています。ピュー、ピュー、ピューと回ってきました。

「君の乗り方は上手い！」

私は、それだけしか言わなかった。

「すごく上手いね。今度、運動会をやる時に、自転車競走とか自転車の障害物競走とか、そういうのをやると面白いと思うけど、ぼく、そういうのをやりたいと言ってみたら?」

「うん。言ってみる」

「じゃあ、おばちゃん、見てるからね」

けいご君は自転車に乗って走って行きました。もう、誰の邪魔もしません。走り回って手を振っています。素晴らしい子どもです。

＊＊＊

年長さんの部屋で私がご飯を食べていましたら、泣き虫のよしたかちゃんは、ご飯が終わって、パジャマのボタンをかけながら来て、

「ねえ、おばちゃん、明日も保育園に来る?」

「もう、来ない」

「どうして?」

「だって、おばちゃんのお家は東京でね、ここにはお家もないし、寝るところもないし、ご飯を食べるお家もないから」

「ぼくんち、いっぱいお布団あるよ」

「あぁ、そうか。じゃあね、明日は来られないけど、また今度遊びに来る」

「うん。また遊びに来てね」

よしたかちゃんもけいじ君も、本当に変わりました。

●わるい子が実は素晴らしい子だった

これと同じような例もあります。

ある園に行きましたら、その園の園長さんと担任の主任さんが、「もう、どうしようもない子どもがいて、困っています。いばっていて、他の子をいじめるのです」と言うのです。それで、そのゆうちゃんという子に会いました。

その時は、ちょうど、ブロックで大きな船を作っていました。

私はびっくりしました。

「すごい、その船。最初は芯からずっと大きくしたんでしょ?」

「そうだよ」

「おばちゃんも作るから教えて」

「うん。いいよ」

と言って、教えてくれたのです。

私が「すごいね、君は」と言ったら、周りの子どもが来て、みんな口々に、「あのね、おばちゃん。ゆうちゃんはね、わるい子なんだよ。みんなをいじめたりするんだよ」と言うのです。

私は、「そう、私は、ゆうちゃんが好き。こんな素晴らしいのを作って、『教えて』と言ったら、教え方、すごく丁寧だった」と言って、教えてもらいながら、そうとう時間をかけて船を作りました。

「すごいね。でも、壊すのは、絶対おばちゃんの方が早いから、壊すの、競争しよう」と言ったら、「うん」と言ったので、二人で「ワーッ！」と壊したのです。同じぐらいだったのですけど、ゆうちゃんが勝ったのです。

「負けた！　じゃあ、今度はね、この色別ブロック、ベージュと緑と赤と黒と黄色を分ける。どっちが、色別に出来るか、よーい、ドン！」と言って、これは私が早かったのです。「バンザイ！」と言ったのですね。

そして、今度は数を数える。何せ、同じように作っているのですから、数も同じなのです。それで数えたのですが、これは、彼に少し花を持たせてあげました。こういうチャンスをいろいろ作りまして、ゆうちゃんがタッチの差で、勝ったわけです。

私が、「すごい！」と言ったら、ゆうちゃんがうれしそうに、「ぼく、縄跳びも百回跳べる」と言う。そうしたら、みんなが、「私も出来る」、「ぼくも出来る」と言うので、「そうなの。じゃあ、やってみよう」と言ってやりました。そうしたら、本当に出来たのです。

私は「すごいね、ゆうちゃん」と言いました。ゆうちゃんは素晴らしい子どもだったのです。やさしいし、指導力もあるし、知的能力も発達して、落ち着いて、集中力もある。何一つわるいところはなかったのです。それを担任に言ったら、「えーっ」とびっくりしていました。

＊　＊　＊

それで、ゆうちゃんが卒業して、六年後に、この担任の先生と都市センターホールで会うことになったのです。私は、その日、講師で呼ばれて、保育の話をすることになって行ったのですが、その担任の先生に、ロビーでばったり会いました。

そうしたら、その先生が、「私、今日、本吉先生に会いたくなかったんだ」と言うから、「どうして？」と聞くと、彼女はこう言いました。

「実は、私の子どもとあのゆうちゃんとは同じ歳で、同じクラス。ゆうちゃんは、生徒会の会長をやっていて、勉強も一番。本吉先生が言ったように、素晴らしい子どもなのに、私はわるい子のレッテルを貼っていました。子どもを見る目が間違っていました」

●緘黙の子がしゃべった！

その次に行ったのが、やっぱり静岡の公立幼稚園です。

「幼稚園で、一言もものをしゃべらないで卒園していく子どもがいるので、もう、心配で心配で、見てください」と言われて、行きました。園長先生が困り果てて、このままでは卒園式が出来ないと言うのです。

ちょうど、どしゃぶりの雨になりまして、子ども達はみんな部屋に入って、卒園式のためにお部屋を飾る輪飾りを作っていました。私が戸を開けたら、その子が、戸の真下で輪つなぎを作っていたのです。

私は、「あぁ、その輪つなぎ。えーっ、きれいね。ちょっと見せて。私にもちょっとやらせて」と言って、やらせてもらいました。私がのりをつけると、ヌルヌルとなって、きれいに出来ません。このまゆみちゃんはちょっとしかのりをつけないから、ピタッとくっつくわけです。

「おばちゃんのを見て、ほら、ヌルヌル。動いちゃうでしょう。あなたのは、ちょっとのりをつけてやるから、ピタッとくっついてる。仕上がりがきれい。折り紙のこんなペラペラの紙だから、ちょっとつければいいのに、おばちゃんはつけ過ぎるのよね。もう一つ、二つやらせて。私のお話、聞いてくれる？」と言ったら、「うん」と言うのです。

「おばちゃんのお家にね、大きな津軽塗りのサービス盆というのがあったの。ところが、おばちゃんのお母さんがサービス盆の持ち手のところを持っていたら、バリッって折れちゃった。それでね、おばちゃんのお母さんは、もったいなくて、捨てられないから、紙に包んで、いつも食器戸棚の上に置いてあったの。

おばちゃんが、ある時、テレビを見ていたら、ピタッとくっつく、いいのりが出来たと言っていた。それでね、おばちゃん、デパートに行って、『ありますか？』って言ったら、『あります』と言うので、買って来たの。そして、そののりをつけて、修繕していた。そうしたら、おばちゃんの弟が側でじーっと見ていて、おばちゃんにこう言ったの。『お姉さん、接着剤やのりは、いっぱいつければ、よくつくってものじゃない。接着剤やのりは、少しつけて、ピタッと空気が入らないようにつけなきゃ駄目なんだ。意味が分かる？』。あなたみたいに、のりは少しつけてピタッとくっつけるといい、と言われたの。今、見たら、あなたが、ちょっとつけて、きれいにどんどん貼っている。おばちゃんは、また、ここでヌルヌルつけちゃった。もう一回見てて、今度は少しつけるから」

「うん」

「今度、いい？」

「いいよ」

「あなた、素敵な子どもね。お母さんやおばあちゃんも、お料理作ったり、ミシンかけたりするの上手じゃないの？」

「うん、上手だよ」

「そう、ごちそう作ってくれる？」

「うん」

「赤ちゃんは？」

「いるよ」

「あぁ、素敵なお姉ちゃんなんだ。おばちゃんの家の家族はね……」

もう、スルスル話すのです。

「あなた何色が好き？」

「ピンクが好き」

「私、ブルーが好きなの。じゃあ、あなたのピンクとブルーでこうやって輪つなぎを作ろうか」

「うん、そうしよう」

もう、平気で話しています。

後ろで園長先生が、「初めて、声を聞きました」とおっしゃいました。

●肥満児のダイエット作戦

子どもが変わるためには、大人が本気で、その子どもと向き合わなければなりません。

その最たるものが、肥満児です。肥満児をスマートにさせるのは、本当に大変なことなのです。でも、一つ理屈が分かれば、簡単に出来ます。

以前、こういうことがありました。

警視庁に勤めているお父さんがいまして、馬事公苑というところで、馬の訓練をやっていました。国賓が来た時に、馬が整列して歩く、その時に使う馬で、本当に、すごく立派な馬なのです。大きくて、毛並みはきれいで、堂々たるものです。その馬を、保育園に連れてきてくださったのです。

その方は、ちゃんと警視庁の騎馬隊の制服を着て、サーベルを着けて、みんなを一人ずつ乗せてくださることになりました。そして、園庭を一周、パッカパッカパッカパッカと歩かせてくれる。

子ども達は、もう、うれしくてうれしくて、「おじちゃん、今度はぼく」、「おじちゃん、おじちゃん」と言って、しがみついているのです。

その時、私は、子ども達を並ばせなかったのです。なぜ並ばせないかと言ったら、太っている子がいたからです。私は、意識的に黙って見ていたのです。

そうしたら、やっぱり、その三十六キロあるまこちゃんは一人だけ乗れなかったのです。すごいショックだったようです。でも、彼は、頭のいい子ですから、自分が太っているから乗せてもらえなかった、というのが分かっているのです。

その騎馬隊の人が小柄な人だったのです。だから、三十六キロのまこちゃんは乗せられない。

まこちゃんが、なぜ太ったかというと、下に白血病の弟がいて、もう半年しか命がもたないと言われていたのです。お母さんは、何とかして下の子に栄養をつけたいと思う。おばあちゃんは、おばあちゃんで、その赤ちゃんのために、おみやげのお菓子や何かをいろいろ持って来るわけです。でも、弟は食欲がないから食べられない。そうすると、まこちゃんが、全部食べてしまうわけです。だから、こんなに太ってしまった。

私は、これはチャンスだと思いましてね、「まこちゃん、どうする?」と言ったのです。

「先生は、今のことを見ていて分かった。ぼく、分かったでしょ?」

「うん」

「ぼくだけ乗れなかった。まこちゃん、ごめんね。園長先生が出来ることだったら、何でもやってあげられたけど、これは私にも出来ない」

「おじちゃん、ぼくのこと見てたけど、やってくれなかった」

「あんまり太っているとね、これから勉強するのにもいいことはないから、先生は痩せた方がいいと思うけど、どう?」

「ぼくも痩せたい」

「じゃあ、痩せよう」

成長発育期ですから、ご飯を減らすわけにはいきません。

「朝、昼、晩、ちゃんとご飯は食べて。その代わり、おかわりはしない。ジュースを

＊
＊
＊

いっぱい飲んだり、お菓子や甘い物、いっぱい食べたりしない。分かる？」

「うん。分かる」

「朝ご飯はきちっと食べて、お昼は給食、おやつはちゃんと食べて、夜もご飯はあんまりおかわりしない。お母さんから出された物だけ食べる。ジュースや何かは飲まない。出来る？」

「うん。やってみる」

そこで、机の上に、私とまこちゃんの紙を二枚貼って、線を一カ月分引きました。

そうして、昨日、甘い物を食べなくて、ご飯もたくさん食べなかった時はマル、食べた時は、バッテンをつけていきました。

私は、出かけて、おまんじゅうを食べたり何かしますので、時々、バッテンがあるのです。まこちゃんは、ずーっとマルなのです。それで、時々、三重マルや五重マルがあるのです。

「どうしたの、これ？」

「だって、昨日ね、近江八幡のおばあちゃんが来てね、お菓子、いっぱい持って来て、チョコレートや何か食べなさいって言った。でも、ぼく、『園長先生と約束したから食べない』と言ったら、おばあちゃんが、『園長先生には黙っていて内緒にしてあげるから、少し食べればいい』と言った。でもね、ぼく、がまんして食べなかった。だから、五重マルなんだ」

それから、ご飯を食べたあとで、かけっこもするのです。

それで、一カ月過ぎ、二カ月過ぎ、スマートになって、とうとう、二十三キロです。十三キロ減りました。標準的です。

＊　＊　＊

今は、冷蔵庫を開ければ何でもあります。お菓子もいっぱい、いつでもあります。こういう時代ですから、子どもが自覚しないと、ダイエットは絶対にできません。子どもが食べるのをやめようと思わなければ、絶対、出来ないのです。

別のダイエットの例ですが、私が一日かかわった愛媛の田の筋保育園のかず君は、五歳児の中谷悦子ちゃんが、半年間、熱心に伴走して励ましてくれたおかげで、三十六キロが二十五キロになりました。

これは、よその園に行ってもやりました。でも、大抵の先生は面倒くさくてやらないのです。

青森でやりかけたら、青森のそのお母さん、「うちは、相撲取りにさせるからいい」と言いました。

岡山でも、秋田でもやりました。でも、先生方が続きません。

●グズグズして行動が遅い子には、わけがある

引っ込み思案とか、グズグズして行動が遅いという子どもの場合には、いいエピソードがあります。

私が、津山で、お母さん向けの講演会をした時、あるお母さんから相談を受けました。

「うちの子どもはいい子で、他には、何にも不満はないのですけど、ただ、行動がグズグズして、何かのろいのです。それだけが気になるのですけど、どうしたらいいでしょう」

「行動がグズグズしているというのは、甘えが足りないからです。自己発揮が出来て

いないから行動がグズグズするのです」

「はあ？　お言葉を返すようですけど、私の家は夫婦とも子ども大好きです。祖父母も大好きです。実家の方もみんな、おじいちゃんもおばあちゃんも子ども大好きで、すごくかわいがられています。幼稚園でも、いい子だと言われています」

「ええ。それでも愛情が足りていません。下にお子さんがいるでしょう？」

「います。じゃあ、どうしたらいいのですか？」

「抱きしめてください。一日何度でもいいですから、抱きしめてください。おふろに入る時にもいっしょ。寝る時もいっしょ。かわいく抱きしめてください」

お母さんはふしぎそうな顔をしていました。「こんなにかわいがっているのに、なぜ？」というふうな思いですね。

ところが、お母さんが家に帰って、それをお父さんに話したら、お父さんが、「家でかわいがっていない、甘えが足りないって言うんだったら、世界中の子どもがみんな甘えが足りないはずだ。そんな講師の話は聞くな」と言われました。

でも、お母さんは、過去三回話を聞いてみて、全部納得しました。このことだけ違うというのは、ちょっとおかしいと思って、じゃあやってみようと思ったのです。そして、お休みの日にやってみました。

朝からずっと、その子を自分にくっつけて、スキンシップで抱きしめてかわいがりました。そして、夜、いっしょにおふろに入ったあとで、その子が、何だか鼻歌を歌いながら、ゴトゴト音をさせているから見たら、いつもだったら頼んでもしないのに、おふろのふたをしていました。出てきたら、「あ。えりこちゃんのパジャマ持ってきてあげる」と言って、妹のパジャマを持ってきてくれました。

なおちゃんというこの子は五歳で、妹が三歳です。

なおちゃんはおふろから出て、パパのところに「絵本読んで」と言って絵本を持って行きました。

そうしたら、そういうお父さんですから、新聞か何かを読んでいたのをやめて、あぐらの中に抱っこして入れて、なおちゃんの絵本を読み始めました。

それを見た妹のえりこちゃんも、絵本を持って「パパ。絵本読んで」と言ってきました。お父さんは、いつもの通り、ごく自然に、えりこちゃんを抱こうとし、お姉ちゃんのなおちゃんも、いつもの通りにお父さんの膝から降りて、妹にお父さんの膝を譲ろうとしました。

その時お父さんは、「あっ、これだ」と気づいたのです。そして、えりこちゃんに「えりこちゃんはあと。今はお姉ちゃん。お姉ちゃんの本が終わってから」と言って、お姉ちゃんを抱きました。

そうしたら、妹のえりこちゃんは、そんなこと生まれて初めてで、「うわーん」と泣いてしまいました。お姉ちゃんはお姉ちゃんで、「いいのかしら?」という感じで、お父さんに抱っこしてもらったのです。

このことがあった翌日から、なおちゃんの行動がぐんぐん速くなりました。グズグズは直りました。グズグズして行動が遅い原因はスキンシップの甘えが足りなかったことでした。

グズグズにはわけがある
甘えが足りないのよ。抱きしめてあげて！
え？
グズグズ
グズグズ
へんだなー
こんなにかわいがっているのに
?
重くなったね
お姉ちゃんのあとで
やってあげるね
サッ
サッ

3章 虐待の中の子ども達

●虐待された子ども達を預かって

虐待については、最近大きな問題になっています。

私は、昔、四年間いた保育園で、虐待された子ども達を預かったことがあります。ここは、その当時日本一大きいと言われていた母子寮の一階が保育園になっていたのです。

行った初日に、ある保育者の方が事務所の隣で帰りの身支度をしながら、「あの、園長先生、昨日、何々組の何々ちゃんのお母さんが、出刃包丁を持って子どもを追いかけて、そして、パトカーが来て精神病院に運ばれていった」という話をしたのです。私は、事務を取っていた鉛筆を持ったまま、「えーっ！」と飛び上がるほどびっくりしました。「先生、こういうの、これから毎日ありますから」と言うのです。そこがスタートだったのです。

＊　＊　＊

毎日、何か問題が起こらなかったという日はないくらい、問題が起きるのです。

そして、子ども達はといえば、毎日毎日、

「先生、お外に行ってもいいですか？」

「おしっこしてきてもいいですか？」

と言って、全て聞きに来て、そして、規則、お約束が山のようにあって、それでいながら、けが、その他の事故の多い保育園だったのです。

見てみると、本当にどの子どもも目がつり上がっていて、お母さんも全員が幸せでないわけです。

その保育園で、私が最初に、先生方に話したことは、「子どもを出来るだけ叱らないでください。それから、親を受け入れてください」ということでした。

そして、「しつけはしなくていい。それから、『これしてくれ、あれしてくれ』と親に注文を出さないでほしい。もし、何かあったら、私の方へ言ってください。私が全部やりますから」と言いました。

たとえば、保育園ですから、「月曜日には昼寝用の寝間着を持ってきてください」とか、あるいは、「朝早くちゃんと登園させてください」とか、「お迎えの時間は守ってください」とか、いろいろな注文もあるわけですね。でも、「そういうことも一切、言わないでください。やっぱり、子どもがやさしい子どもになるためには、まず、お母さんを受け入れなければ、やさしい親にならなければ、子どもはよくならない」と言いました。

それは、何となくそういう気持ちがありまして、それで言ったのです。

そうしましたら、五月の半ばぐらいでしたでしょうか、園児のお母さんの中でも、とりわけやかましいというか、怖いというか、先生方が敬遠していたお母さんが、「この頃は、先生方が子どもに怒らない。それから、私達親にも文句を言わなくなった。ずいぶん、気持ちが晴れ晴れとして、送り迎えが楽しくなった」とおっしゃいました。

＊＊＊

この保育園に、ゆみちゃんという左利きの子どもがいました。たまたま、私が新宿のデパートに行った時に、左利き用のはさみを売っていましたので、一つ買って帰って、そのゆみちゃんにあげたのです。

「このはさみはね、大人でもなかなか持っていないようないいはさみだから、大事にしてね。おばあさんになって死ぬまで使えるはさみだと思うから、大事に使ってね」

と言ってプレゼントしたのです。

そうしたら、翌日、そのゆみちゃんのお母さんがいらしたのです。この方は、小学校の教員をしていたという方で、お年を召していて、やっぱり、ご主人と離婚されて母子寮に来ていました。

その方が、「私は、もう、この子に死んでもらいたくて、毎日毎日、食事の量を減らしていった。それでも、死なない。内臓が丈夫な子だから、あまり食べさせなくても、放っておいても大丈夫だろうと思って、まぁ、育てることにしたけれども、愛情のひとかけらもない」と言うのです。

「でも、この頃、どうも先生達がすごく受け入れてくださって、やさしくしてくれるらしくって、帰って来て話す内容が違ってきた。それとなく耳を傾けてみると、前と違って子どもにもとってもやさしいし、それから、私自身にもすごく先生方がやさしくしてくれる。昨日は、『園長先生にはさみを買ってもらった』と言って帰って来て、本当にありがとうございます」とおっしゃったのです。

それで、私が、そのお母さんに、「そうよ。ゆみちゃんは賢いし、少しオドオドしているけれど、とってもいいお子さんですよ。お母さんは六年間こうして育ててきたのですから、あとはもう、お仕事さえ見つかれば、変な男の人といっしょにいるより、かえっていいんじゃないですか」と言いましたら、お母さんは笑いながら帰って行きました。

●「あの子だけは、園をやめさせてください」

そのあと、途中入園で入った四歳児のお母さんに、初対面でお話を聞いたのですが、そのお母さんは、「もう、過去に三つ保育園を追い出された。この保育園は追い出さないでくれ」と言うのです。

「そんなことといたしません」

「でも、すごい、とにかく暴れるから。追い出さないでくれ」

「どういう状態なのですか?」

「この子は秋田の田舎で生まれて、生まれてすぐ離婚しました。育てるつもりもないし、誰かが拾ってくれればいいと思って、雪の田んぼの上に置いてきました。で、一時間後に見に行ったら誰も拾ってくれてない。もし、このままこの子が死んじゃったら、自分が殺人罪になる。それがいやなので、また、連れて来ました。でも、全然、子どもに愛情を持っていない」

と、はっきり言うのです。

そういう時に、「かわいがってください」と言っても、これは通用しませんから、「そうですか。お母さん、子どもっていうのはね、かわいがればどんな子どもでも、かわいくなるものなのですよ。私の方では追い出したりはしません。私がやめても、この子はここにちゃんといられます、大丈夫です」と言って、お母さんを送り出しました。

そうしたら、その翌日からその男の子が登園してきました。

朝来て、五分か十分も経たないうちに先生方が次々に来て、「あの子だけはやめさせてください」と言うのです。

「どうしたの?」と聞いたら、プールの中で三歳児がおままごとをしていたら、その男の子が後ろからドーン、ドーンと突き倒して、「先生、見てください。こんな大きなこぶが出来たのです」と言うのです。

私は、そのこぶにはびっくりしました。後ろ頭じゃなくて幸いだったけれど、もし、私が親だったら激怒すると思います。

「それじゃあね、もう、目を離さないで見守っていてちょうだい」と話しているところへ、今度は担任が飛び出して来まして、「先生、今日入った、あのまこちゃんだけはやめさせてください」と言うのです。

亀が首を引っ込めて甲羅の中に入っていた。その亀の甲羅の中に手を突っ込んで、首を引っ張り出して、ちぎってしまったのです。みんながそれを見て、「ギャーッ」と言って逃げ回っている。

「とにかく、普通ではないので、あの子だけはやめさせてください」と言いました。

そこで、私がその先生に、「まこちゃんをやめさせるんだったら、あなたがやめてください」と言ったら、彼女がこう言ったのです。

「私は、家を建てるので、区役所に五百万円借りているから、やめるわけにはいきません」

私は、「それじゃあ、保育するのね」と言いました。

●規則なし、全部自由にしてみたら

私達は職員会議で、

「とにかく、叱らないで受け入れよう」

「自由を与えよう」

「自信につながるような体験を豊富にさせていこう」

と決めました。


そして、私は、「ここは、こういう子どもだからどこへも行かせないとか、規則を作って、あれしちゃいけない、これしちゃいけないと言って、籠の鳥のようにしているけれど、これからは、全部、規則なし。お約束、全部とっぱらいましょう。全部、自由。全責任は私が負うからやってください」と言ったのです。

それから、保育が、百八十度変わりました。

もちろん、二十人ぐらいいる職員の中には、いろんな考え方の人がいまして、「やっぱり、規則は作っておいた方がいい」とか何とか、いろいろありました。

＊　＊　＊

そういう中で保護者会をスタートさせますと、お母さん達の中から、「規則は作ってください」とか、「お約束はちゃんとさせるようにしてください」とか、「しつけをしてください」とか、いろんな問題が出てくるわけです。もちろん、母子寮の家庭だけではなくて、近所の方もおいでになっていますから、いろんな方がいらっしゃるわけです。

でも、私は、「いや、子どもというのは、規則を作らなくても、自分が困ればやらなくなります」と、お母さん達にお話ししました。

そうしますと、いろんなことが起こってくるわけですね。子どもにとってみれば、今まで、朝から晩まで、規則、規則でしばられていたものが、「全部いい」ということになりましたから、それは、それは、籠の鳥が放たれたみたいに、すごくなったわけです。

でも、見ていると、子どもって本質的にやさしいし、こちらがかわいがれば何にも問題がない。むしろ、毎日楽しい日が展開していったわけです。

＊＊＊

たとえば、お客様がいらして、お菓子を出すとします。

子ども達は、お客様が帰ったあと、飛び込んで来て、事務所の机の上に置いてあるお菓子を見て、「これ、誰が食べるの？」と言います。

私が、「うん、食べたい人が食べるの」と言ったら、「えー？」と言うのです。

「園長先生？」

「うん。園長先生は食べたいと思わない。お客様のたびに食べると太っちゃうから、食べない」

「誰が食べるの？」

「だから、今、言ったでしょ。食べたい人が食べるの」

「ふうん」

と言ってふしぎそうに部屋を出て行きます。

そうすると、また、次の子ども達が駆け込んで来ます。

「あー、お菓子だ。カステラだ。誰が食べるの？」

「食べたい人が食べるの」

「えー、園長先生？」

「ううん、園長先生は食べない」

「食べたい人が食べていいの？」

「そうよ」

子ども達は、どうも納得出来ないという顔で、また、戸口のところへ来て、事務所に入って来ます。

「先生、食べたい人って言ったでしょ？」

「うん。食べたい人って言ったわよ」

「じゃあ、ぼく達でも食べたい人は食べてもいいの？」

「もちろん。私は、食べたい人って言ったんだから」

「あぁ、じゃあ、食べよう。園長先生、ちょうだい」

「どうぞ」

と言ったら、その三人が食べ始めました。

そして、食べ終わったとたんに、バーッと出て行って、「園長先生のとこでお菓子食べたんだ」とみんなに触れ回ったから、みんながワーッと来ました。

「お菓子ちょうだい。お菓子ちょうだい」

「お菓子なくなっちゃった」

「誰ちゃん達が食べたんだ」

「そうだよ。誰ちゃん達、来て食べたいって言って食べたのよ。ちゃんと、そこに座って食べたの」

「ふうん」

＊　＊　＊

また、お客様がいらっしゃいます。また、同じ問答が繰り返されます。

そういうことが何度もあって、子ども達は、「あぁ、本音を出して本当のことを言えばいいんだな」と思うわけですね。

●がまんが出来る子の育て方

それから、がまんが出来る子に育てたいと思っているお母さんがいます。そして、家庭で子どもに、いろんなことをがまんさせる。それで、がまん強い子になるかというと、そうではないのです。

では、どういう育て方をすれば、がまんが出来る子になるのか、それを実例でお話ししましょう。

＊　＊　＊

この保育園に、けいごちゃんという子がいまして、人が新しい帽子をかぶってくると、踏みつぶしたり、水浸しにしたり、おもちゃを壊しちゃったり、いろいろするのです。そして、けいごちゃんは、いつも何か古いお洋服を着ているのです。

ある時に、保育園でお誕生日会をしたのですが、けいごちゃんは、「ぼく、お誕生日に、何にもお母さんに買ってもらったことがない」と言うのです。そこで、担任が、

「じゃあ、何がいい？　先生が買ってあげる」と言ったら、「怪獣のおもちゃがいい」と言う。それで、怪獣のおもちゃをプレゼントしたのです。

ところが、お母さんがいらして、「別れた主人が、がまんの出来ない人でした。それで、私は、この子をがまん強い人にしたい。だから、こういうことをしてもらっては困ります」と言われました。

でも、けいごちゃんはちっともがまん強くないのです。一番、爆発してしまうのです。誰の持っている物も取り上げてしまう。破いてしまう。壊してしまう。

これを、「だめよ」と言ったのではよくならないのです。いろいろ困ったことをするのは、けいごちゃんが幸せでないからなのです。だから、彼が幸せにならなければいけないのです。

それで、いろいろと職員で考えまして、「食べるものだったら、食べちゃえばお母さんに分からないから、せめて、時々、好きな食べ物をいっぱい食べさせてあげよう」と申し合わせました。

その時、私は注文を出したのです。

「安くってかさのあるような、そういうお菓子じゃなくて、高価でも本当に欲しい物、それを食べさせましょう」

そうしたら、けいごちゃんは、「メロンが欲しい」とか、「チョコレートが食べたい」とか、いろいろ言います。

ある時は、「ケーキが買いたい」と言って、ケーキ屋さんで自分が選んで、三千円のケーキを買ってきた。その苺のショートケーキを一台全部、ぺろりと食べたのです。みんなでホットケーキを焼くと、十枚でも十五枚でも食べてしまう。おもちを十六個食べたこともあります。どこにどうしたらこんなに入るのか、と思うくらい食べました。

「けいごちゃん。みんなお家からおもちゃを持ってくるから、けいごちゃんもおもちゃが欲しいよね。だから、保育園でおもちゃで遊んで、そして、帰る時はどこかの引き出しに入れて、また、明日来て遊ぶ。そういうふうにすればいいから、怪獣のおもちゃも持っていていい。

お家に持って帰ると、お母さんが『がまん出来ない大人になったら困るから』と言って心配するから、おもちゃを保育園に置いておいて遊ぼう」

そんなことで、おもちゃも少し買ってあげたりしました。

＊＊＊

そうしたら、だんだん、だんだん変わってきましてね。

秋になって柿が実ったのです。前の年はたわわに実った柿が、なぜかその年は二個しかならなかったのです。木の天辺の方に二つだけ。

それで、先生方が、「自分で取ってきた人が食べていい」と言いましたら、けいごちゃんが登っていって、二つとも取ったのです。

みんなが、「あ、いいな、いいな、けいごちゃんばっかりいいな」と言ったら、サーッと調理室に行って、包丁とお皿を借りてきて、それで、小さく切って、それこそ1センチ角ぐらいに小さく切って、みんなにあげているのです。みんなは、「けいごちゃん、ありがとう。ありがとう」と言って食べました。

「けいごちゃん、自分のは？」と聞いたら、「ぼく、いい」と言うのです。

がまんの出来る子を育てる
人の物やおもちゃをこわす
けいごちゃん
おもちゃをプレゼント
がまん強い子に
育てたいので、
何もあげないで!
けいごちゃんのママ
欲しいものを
欲しいだけ
食べられる。
パクパク
パク
でも、幸せで
ないと…
欲しいおもちゃを
買ってもらえる。
ぼくがとった
柿だけど…
みんなで
食べてね!

その後でしたが、みんなで、ホールでお誕生日会のパーティーをやったのです。たまたま、けいごちゃんの隣に、ひろ君といって、二歳になったばかりの子どもが座っていました。そのひろ君のおせんべいに、何か紙がくっついていたのです。そこで、けいごちゃんが、それを取ってあげようとするのですが、なかなか取れない。そうしたら、けいごちゃんが、「ぼくのと取り替えてあげる」と言って、自分のと取り替えたのです。

このけいごちゃんは、以前は、給食が出れば、自分の分は食べないで、おかわりとして置いてあるおかずや何かから食べて、それから、自分の分を食べる子だったのです。

それが、自分のきれいなおせんべいをひろ君にあげる、やさしい子になってきたのです。こんなやさしい子いるかしら、というぐらいやさしくなりました。

●一番乱暴な子が一番やさしい子になった

それから、あの、亀の首をちぎってしまったまこちゃんですが、「五百万円借金しているから、やめられない」と言った担任が、かわいがり始めたのです。そして、まこちゃんのやりたいこと、欲しい物を全部出させて、まこちゃんのいろんな要求を満たしたのです。

七夕の時に、まこちゃんが短冊に、「水鉄砲が欲しい」と書いたら、担任が、「まこちゃん、先生が水鉄砲を買ってあげるから、お出かけしよう」と言って、二人で京王デパートに行って水鉄砲を買って、それから屋上に行って乗り物のおもちゃに乗って、食堂で何か食べて帰って来ました。

その頃から、すごく乱暴な子が、変わり始めました。

卒園の時に、私は、まこちゃんの担任に言ったのです。

「あなたのご主人ね、あなたが火の中で『助けてくれー』と言った時に、燃えさかる火の中に飛び込んで、助けに来る?」

「確実に死ぬっていうことが分かったら、来ないかもしれない」

「じゃあ、川に流されて、『助けてくれー』と言ったら、ご主人は死んでも助けに来る」

「確実に死ぬと思ったら来ないと思う」

「まこちゃんは?」

「来ると思います。一番やさしい子どもでした」

＊　＊　＊

赤ちゃん達が、たとえば、おしっこを漏らしてしまって、パンツがなくて震えていると、このまこちゃんが、「かわいそうだ」と言って、一人で走り回って、「誰か、先生、来て」と言って、呼びに来る。やさしいのです。

●虐待するお母さんの涙

虐待する親というのは、みんな、自分が幸せではないから、その気持ちのはけ口として子どもに当たっているわけです。そして、虐待されている子どもというのは、絶対、親のわる口を言いません。

＊　＊　＊

私は、子育て相談でいろいろなお母さん達と出会うのですが、虐待の場合は、すぐ分かります。

座ったとたんに、「お母さん、ご自分のお子さん、かわいくないんでしょ。虐待という言葉がありますけど、それに似たぐらい、もう、思わずやってしまうんじゃないですか?」と言うと、「そうです」。そして、何にもおっしゃいません。

相談日なのですから、普通の方は、みんな、座ったとたんに、「実は、うちの子が」という話をするのですが。ふしぎに、虐待しているお母さんは、座っても、何にもおっしゃいません。

そして、虐待するお母さんは、なぜか身なりをきちんとしていらっしゃいます。頭の先から足の先まで、きちっとした格好でいらっしゃいます。これは共通する点で、ふしぎだな、と思います。そして、なかなか話が始まりません。

でも、私は、そういう虐待の多い園にいましたから、

「お母さん、ご自分が寂しいとね、子どもにそうなってしまう。この間もこういうことがありましたよ。シングルマザーで働いている方で、泣かれると自分が寝不足になるから、ついついつい叩いてしまうのです。『もう、いい加減に黙って寝てよ!』。そのう

ちに、布団なんかはがしちゃって、『もう！』と言ってピチャピチャピチャピチャ叩いてしまう。もう、見境いもなく叩いて、『あー、しまった』と思った時は、子どもにあざが出来るほど叩いちゃっている。

私も分かります。私、明日、用事が何にもなくても、もしも、親の看護で夜中に五回も六回も起こされたら、もう、寝た気がしないでしょうし、イライラもするでしょう。

だから、お母さんも、快適な住まいがあって、食べたい物がそこそこ食べられて、何となく欲しい物も少しは買えるし、そういうふうな小市民的な幸せがあれば、子どもを虐待しなくてすむでしょうね。お母さんが、まず、本当に幸せでないと、愛されている喜びを知らないと、そうなっちゃうのよね」

というふうな話をしますと、お母さんの方から、ボロボロと泣いてくるのです。

＊　＊　＊

私は、涙を見ると、「あ、可能性があるな」と思います。泣けるということは、まだ、感情が本物だということですね。

それで、「一回ですぐよくなるわけじゃないから、困ったことがあったら、また、いらっしゃい」と言うのです。

●感情が爆発してしまう「うつ」のお母さん

実は、先月もそういうお母さんに出会いました。

そのお母さんには、去年の秋、一度お目にかかったのです。でも、お母さんの方から虐待しているということは、一言もおっしゃらないのです。

ただ、「時々、感情が爆発しちゃう」とおっしゃるので、「お母さんの方がお医者さんに行ってみたらどうですか？」と言ったら、やっぱり、「ストレスが少したまっていて、うつだって言われました」と言って、また、いらしたのです。

「今度は、どうしていらっしゃいました？　お母さん、子育てを変えようと思っていらっしゃいました？　それとも、私に会いたいと思っていらっしゃいましたか？」と言ったら、

「会いたくって来ました」

「そう、カウンセリングの方もいいけれど、この幼稚園には毎月来ていますから、いつでもお受け出来ますから、いらしてください」

と言いました。

秋に来た時に、「お料理が出来ない」と言うので、「じゃあ、私もお料理は嫌いじゃないんだけど、面倒くさくなって、この頃は簡単なのばかり。簡単で美味しいお料理があるから、レシピを書いてあげます。ちょっと待っててね」と言って、紙に書いて、その九月の時に渡したのです。

そうしたら、そのお母さんが座るなり、言いました。

「先生にこの間教えてもらったお料理を、主人の方の両親が来た時に作ったら、すごく美味しいって喜ばれた」

「じゃあ、今日も、もっとやさしくって美味しいのがあるから、二つ、三つ書きましょう」

子育て相談でいらっしゃるのですけれど、私は、お母さんのカウンセリングをするつもりで、そういう話をするのです。

●子どものことは置いておいて、お母さんの心をケア

本来でしたら、お母さんに、「やさしくしてあげてください。子どもは抱きしめればよくなるのですよ」と言いたいのです。

でも、虐待までいってしまったお母さんの場合は、まず、お母さんが気持ちよく話せる場所があって、本当の悩みが言えて、ということが最優先で、子どものことは、ちょっと置いておくのです。

それで、「あぁ、このおばさんだったら、また、来て、何となく一時間座って、ホッとしていけばいいな」と思えて、帰る時に、「来てよかったです」と言って帰られる。それが、第一歩だと思うのです。

＊　＊　＊

軽度の虐待みたいなもの、子育てが分からなくて、つい、怒ったり、叩いたり、「もう、外へ出ていきなさい」と言って、ベランダに出したりという軽度のものをやって

いる人は、すごくたくさんいると思います。

それから、そういうお母さんというのは、ふしぎに、子どもを外に出したがらないのです。自分の内面みたいなものを人にさらけ出したくない、ということもあるでしょうし、子どもがしゃべるというふうなことも、多少はあるかもしれません。

その出たがらないお母さんが出てきて、他人に、何となく分かってもらいたいという気持ちになった時は、これは糸口ですね。

●寂しさをかかえた子ども達

子どもが精神的な虐待をされている場合は、子どもがどんなことをするかというと、たとえば、パンツの中にうんちをするとか、あるいは、自分のうんちを壁や何かにぬたくるとか、それを、どんなに叱られてもやる。

それは、子どもにしてみれば、最高の抵抗だろうと思います。

叩かれて泣くとか、あざがあるとか、そういうのは見やすいですよね。でも、食事を食べさせてもらえないとか、それから、口で、「あんたなんか、生まれてこなければよかった」とか、「かわいくない顔して」とか言われている子どもは、本当に言いようのない寂しさを持っているわけです。

＊　＊　＊

保育園で、私が事務いすに座っている時に、毎日、事務所に来る女の子がいました。ものを言いたそうに、私の机の前のいすにちょこんと座って、じっと私を見ているのです。

私も最初のうちは、「何か、お話ししたいことがあるんじゃない？」と言っていたのですけれど、全然、何にも言わないし、十分でも二十分でも、じっと座っているのです。

それで、走って出て行くのです。そして、また、来るのです。

この子はいつになったら言うかな、と思っていたら、二カ月ぐらい経ってから、初めて、「園長先生」と言いました。

「私んち、お父さん、いないんだよ」

「うん、そうよね。母子寮にいるから、お父さんいないのよね。みんな、お父さんがいない人なのよ」

「うん。どうしていないか知ってる？」

「知らない。病気じゃないわよね」

「うん。お母さんとお父さん、けんかしたんだよ」

「あぁ、そうか。お父さんとお母さんがけんかするのって、一番子どもは悲しいのよね。園長先生も、もし、自分のお父さんとお母さんがけんかしたらいやだな。チョコレートなんか食べなくてもいいし、りんごも食べなくてもいいし、何も食べなくていいけど、お父さんとお母さんが仲良しだといいな、と思う。そうよね」

「うん。そう思う」

「でもね、あなたが生まれた時は、お父さんとお母さんが仲良しだったのよ」

「うん」

「でもね、大人ってね、いい人だなと思って、仲良しになって、結婚するんだけど、毎日毎日、いっしょにお食事して、いっしょにいろんなお話しして、夜、いっしょに寝ているうちに、『あれ？　私はこういうのが好きだったんだけど、お父さんはどうも嫌いみたい。私は、子どもにこういうふうになってもらいたいけれど、お父さんは、全然違う。お父さんにお手伝いしてもらいたいけれど、お父さんは、毎日、夜遅くまでお仕事してくる』というふうに、いろんな違うことが出てくるとね、毎日毎日、けんかをするより、別れて、けんかをしない生活の方がいいかな、と思って、あなたのお母さんとお父さんが、もしかしたら、『それじゃあ、別れましょ』って言ったかもしれない。

だから、あなたが生まれた時は、仲良しだったと思うわよ。だから、かわいい赤ちゃんが生まれたんだ」

「うん。そうだよね」

「そうだと思う。じゃあ、握手しようか」

それで、落ち着いて、その子は来なくなりました。

●「どうして、こんなに子どもが変わるのですか?」

最終的に、その保育園の子ども達がどうなったかと言いますと……。

一年経って、その子ども達が小学校に行ったのです。その保育園の玄関の真ん前が小学校の校門なのです。この保育園を卒業した子どもは、全部、前の小学校に行くわけです。

それで、一年経って入学しまして、ちょうど、六月ぐらいでしたでしょうか、教頭先生がおみえになって、「ちょっとお話がある」と言うのです。

私は、子どもが何かわるいことをしたかな、と思って、「どうぞ」と招じ入れましたら、教頭先生が、「実は、今年入学してきた子ども達が、ものすごく集中力があって、意欲もあって、思いやりがある」とおっしゃったのです。

私には、この思いやりがあるという言葉は意外だったのです。

虐待されている子どもには、人にやさしくするとか、人を受け入れるという気持ちは育ちにくいんじゃないかな、と思っていて、心配していたのです。

教頭先生は、「今年の一年生は、今まで二十年来来た子どもと違う。どうして一年間でこんなに子どもが変わるのか、聞いてきてほしい、と先生達に言われて来ました」と言うのです。

「どういうふうにしたら、こんなに子どもが変わるのですか?」とお聞きになるので、私は、こう申し上げました。

「抱きしめることです。かわいがることです。それから、自由を与えて、子ども達が自分で『なるほど』と納得出来るような生活をさせることです。

私達は、他には特別なことは何にもしませんけれど、家庭で親がしなければならないことを全部、保育園でします。私が、『してください』と先生方に頼んで、親が出来ないことは、こちらでやります。保育園は福祉事業だから、食べさせてもらえないとか、汚くしているとか、叱られてばっかりいるとか、そういう子どもを助けることが、保育園としての一番の務めですから」

＊　＊　＊

それをやったから、一年間で変わって、やさしい子どもになったわけです。

だから、抱きしめるとか、やさしくするということが、一番根底にあると思うのです。

ただし、甘えるということと、甘やかしは違います。これは平井信義先生がよくおっしゃっています。

それから、子どもの奴隷になってはいけないのです。言うなりになってはいけない。
これは、非常に大きな戒めです。

4章
適切な援助が子どもを立ち直らせる

●登園拒否——親に責任があるケース

園児のお母さんが心配するものに、登園拒否というか、幼稚園・保育園に、行かない、行きたくないということがあります。

よくあるのですが、入園式の翌日から、登園をいやがって泣く子どもがいます。この場合だけは、私は、親に責任がある、とよく言うのです。というのは、入園式から次の日まで、その間、幼稚園も保育園も何にもしていないのです。

入園式の日に、わが子の担任が発表されます。

親はよく園の事情を知っていて、何々先生にだけは担任してもらいたくないと思っていた。ところが、その先生が担任になってしまった。

そうすると、入園式の門を出たとたんに、近所の奥さん達と帰りながら、「お宅はよかったわね。私、○○先生だけは受け持ちになってもらいたくなかったのに、ハズレちゃったわ」と言って帰ります。

そして、おばあちゃんから電話がかかってきて、

「どうだった?」

「それがね、一番いやな先生の受け持ちに」

夜、お父さんが帰って来ました。

「幼稚園、どうだった?」

「それがね……」

子どもは全部聞いています。

どうも、自分の受け持ちの先生のことをお母さんは嫌いらしい。そうなると、どうしようもなくて、翌日、お腹が痛くなったり、園の門まで行くと、門にしがみついて、いやだ、いやだと言って泣き出したりするのです。

そういう話を、私は、時々先生方にも話します。

それを聞いたある先生が、自分の幼稚園で五月になってもまだ泣いている子どもがいたので、「講演会でこんな話を聞いたのですけど、お母さん、どうですか?」と聞いたのです。そうしたら、そのお母さん、「図星です」とおっしゃいました。

＊　＊　＊

これは、私が愛媛県で出会った例ですが、子どもが行きたがらないので、お母さんが相談したいと言っていらっしゃったのです。

それで、私が、「お母さん、幼稚園の先生に不満を持っていませんか?」と言ったら、パーッと顔が赤くなったのです。やっぱり先生に不満があったのですね。

「じゃあ、仕方がないですから、今晩、演技してください。お父さんと、おばあちゃんと、みなさんがいらっしゃるお食事のあとで、そのお子さんに聞こえるように、さりげなく演技してください」とお話ししておきました。

その晩、そのお母さんは言いました。

「私、わるいことしちゃったわ。このけんちゃんの受け持ちの先生、とってもいい先生でね、親にはつっけんどんだけど、子どもにはとってもやさしくていい先生だったみたい」

そうしたら、お父さんも演技で、

「そうだ、若くていい先生じゃないか。お前が怖い先生とか何とかって言うから、うちじゃおかしくなった」

おばあちゃんも、

親に責任のある登園拒否
・家で家族に…
あの先生イヤだわ！
あらまあ
・入園式のあと近所の人に…
あの先生はハズレね
幼稚園に行きたくなーい
先生こわい
・その次の日
いってきまーす
★アドバイスをうけて…
いい先生みたいよ
若くて元気いいね
やさしい先生ね

「そうよ、送って行くと、いい先生で、やさしい先生よ」

けんちゃんはずっと隣の部屋で耳をすまして聞いています。翌日からルンルンで行きます。

本当に、この例はいっぱいあるのです。

●がんばり過ぎて登園拒否に

それから、年度の途中で不登園になるような場合では、何でも出来る素晴らしい子どもが、ある日突然、行けなくなるというケースがあります。

これは、あの子はいつでも一番という、その期待が重荷になる。精一杯やっていて、息切れしてしまうのです。

これは、青森の保育園のお母さんの例ですが、「ある日突然、いやだと言って行かない。もう、柱にしがみついて、行くのをいやがるんです」と言うのです。それで、そのお母さんに、「『一番じゃなくていいの。たまには、ビリを取って来てもいい。何でも一番がいいことじゃない』。そう、お子さんにおっしゃってください」と言いました。

それを聞いた子どもは、次の日からスーッと行くようになりました。

＊　＊　＊

また、それとは違うケースもあります。

私の園で、子ども達が木登りをしていました。ところが、あさきちゃんだけがなかなか登れなかったのです。最後に、とうとう、あさきちゃんが登れるようになって、「ワーッ、登れた、登れた」と、みんなでバンザイして喜んであげました。

私は、そのあさきちゃんの顔を見ていて、担任に言いました。

「あさきちゃん、明日、保育園へ行くのをいやがるわよ」

「えー、どうしてですか？　今日、出来て、あんなに喜んでいたのに」

「出来て、喜んでいたけど、明日、来ないわよ」

「は？」

案の定、翌日、来なくて、九時過ぎにお母さんから電話がかかって来ました。

「どうしても、今日、行くのをいやがっているのですけど」

「じゃあ、お母さん、とてもよく効くおまじないがありますから、おまじないをかけてください」

「えーっ、何ですか？」

「『今日から、あの木登りは禁止。園長先生が、木に登っちゃ駄目と言っていた』と、そういうふうにおっしゃってください」

それで、お母さんが言うのを、私は電話で聞きました。

「園長先生が、今、電話でおっしゃったの。今日からあの木登りは禁止なんだって。もうね、あさきが登れても、登っちゃ駄目。あれは、木が弱っちゃうからね、もう、今日から禁止」

そうしたら、あさきちゃんがのこのこ起きてきて、「保育園、行く」と言って、来ました。

もう、精一杯がんばって、やっと出来た。明日、また、これをやらなきゃならない。行けなくなる理由は同じなのです。

●共感されてうれしくなると、やる気が出る

大人が子どもに、口でいくら「意欲を出せ」と言っても、子どもは意欲を出しません。

ところが、大人が子どもに寄り添って、その子に共感していると、そんな中から子どもの意欲が出てくるのですね。

そういう例を数多く見ていて、本当に子どもの心はふしぎなものだと思います。

＊　＊　＊

一つ例をあげますと、池本さんという先生が、ゆうちゃんとぬりえをしていたのです。

先生がぬりえをしているから、みんなが寄ってきて、「私も描こう」と言って、自由画帳を持って来て、みんな絵を描いていたけれど、適当な時間で、みんな、「やーめた」と行ってしまったのです。

それでも、ゆうちゃんは描いていました。

「先生、ぼく、どうしてぬりえを描くか知ってる?」

「知らないよ」

「だって、ぼく、絵が下手だから」

「あぁ、そうなの。でも、ぬりえも楽しいじゃない。それに、ゆうちゃん、絵だって上手じゃない。ちょっと、先生と絵を描いてみようか」

と言って、絵の具のところに行って描き始めた。そうしたら、そのゆうちゃんは、「これ、ふみや君の顔」と言って、きれいなかわいい顔をサッと描いた。

池本先生は、「えー、ぬりえも面白いけど、ゆうちゃん、絵も上手にちゃんと描けてるじゃない。でも、ぬりえも楽しいよね」と言って、また、ぬりえを描いていた。

また、しばらくして、ゆうちゃんが、

「先生、本当は、ぼく、どうしてぬりえを描くか知ってる?」

「知らないよ」

「ぼくね、あの跳び箱跳ぶの怖いから。だから、ぬりえを描いてる」

「あ、そうか。それで、ここでぬりえを描いてたのか」

「でもね、先生がずっとぼくといっしょに遊んで、ぬりえをいっしょに描いてくれたらね、ぼく、何だか、今日、跳んでみたくなった」

「そう。ちっちゃいのもあるし、高いのもあるし、先生の背中を跳んでもいいんだよ。どういうのがいい？」

「先生の背中がいい」

「じゃあ、先生、馬になるから跳んでごらん」

と言ったら、ポンと跳べたのです。

そうしたら、それを見ていた別の先生が、「あら、池本先生、ゆうちゃんはこんな高いとこ跳んでるよ。じゃあ、本当の跳び箱でやってみようか」と言って、跳び箱を跳ばせたら、ポンポン跳べて、その日のうちに、三段、四段を跳べるようになりました。

＊　＊　＊

先生が隣で一時間、二時間、彼に寄り添って、「やりたくない時はやらなくていいんだよ。そういう時もあっていい」と、共感した。それがうれしくて、「怖いからい

うれしくなるとやる気がでる
やーめた！
絵が下手だから
ぬりえしてるんだー
絵も上手ね
とび箱とぶのこわいから
ぬりえしてるんだー
やりたくない時は
やらなくても
いいのよ
とび箱とびたく
なってきた！
ピョ〜ン

やだ」と言っていた子どもが、やる気を起こしたのです。

●やる気を起こさせる動機づけ

いろいろな場合がありますね。やさしくされたとか、共感してもらった時は、子どもはやる気を起こしやすいのです。

これを、「あんた、どうしてやらないの？　みんなが出来るんだから、やってごらん」とか、「お母さんも練習したら出来るようになったから、やれ」と言うのは最悪です。これは、プレッシャーなのです。

＊　＊　＊

すごく出来のいいお父さん、お母さんよりも、出来ないお父さん、お母さんの方が、子どもはやる気を起こします。

実は、私は、泳げないのです。だから、何とかして、子どもを早く泳がせようと思って、一年目は大失敗をしました。そこで、二年目はその失敗を生かして、子ども達に言いました。

「先生は、泳げない。だから、すごく恥ずかしい。それから、困る。先生をしているのに泳げないと困る。だから、みんなは泳げたらいいだろうな、と思う」

「泳げないとどうして困るの?」

「先生は、お父さんやお母さんやお兄さんや妹達と海水浴に行ったの。みんなは泳げるから海の中に入って行って泳いだ。先生は泳げなかったから、海の家の中でポツンと一人で、お母さんのハンドバッグだの脱いだお洋服の番をしていた。暑くて暑くてね、海に入れなくてすごくつまらなかった」

そうしたら、子ども達が、がぜん、やる気を起こしたのです。

二年目のその年は、全員が泳げました。

●「ノー」と言える子に育てる

どのお母さんも、「どういうお子さんに育てたいと思いますか?」と聞きますと、最初は、「健康であればいい」と言います。

でも、だんだん欲が出てきて、

「お母さん、本当に健康だけでいいんですか？」

「素直なよい子で、健康がいい」

「学校へ行った時に、健康で、素直で、みんなと仲良く遊べれば、勉強はどうでもいいんですか？」

「いや、勉強もやっぱり」

「そうですよね」

そうすると、素直でやさしい子ども、思いやりのある人間、相手の立場をちゃんと理解出来る人間、そして、やっぱり、意欲があり、集中力があって、知的なものに好奇心を持って挑戦していく、そういう人間に育てたいのですね。

それから、もう一つ。やっぱり、「ノー」と言える人間でなければ困る。そして、「ノー」と言えたり、集中力を磨いたり、これはみんな、園で出来ることです。

家庭だと親子ですから、比較するものもないし、自分が出来なかったとしても恥ずかしくも何ともないけれど、園では、子どもは、恥ずかしさを感じたり、くやしさを感じたり、いろいろあるのですね。でも、それが伸びるチャンスになるのです。

＊　＊　＊

先日、私が、お母さん達に講演をしに行きました園で、こういうことがありました。母の日に、子ども達が、お母さんといっしょにネックレスを作ったのです。それをお家に持って帰るわけですね。

翌々日の月曜日、私は、研修で、その保育園にまた行ったのです。そうしたら、三歳の担任の先生が、かわいい、きれいなネックレスを作っていらっしゃるのです。「あら、まだ、その材料、あるんですか?」と言ったら、「ええ、あります」。「それ、あなたの?」と聞いたら、「いいえ」と言って、一冊の連絡帳を私に出したので、読んでみました。

お母さんが、「母の日のプレゼントは、私は、みずきといっしょに作りました」と書いていました。家に帰って来たら、みずきちゃんが持って来ていないから、「あのネックレスどうしたの?」と言ったら、「年長組のやっちゃんがちょうだいって言ったから、あげた」と言うのです。

お母さんはびっくりして、「え、お母さんといっしょに作った、あんなきれいなネックレスをあげちゃったの？」と言って、すごく悲しんだ。側にいたおばあちゃんもすごく悲しんだ。もちろん、みずきちゃんも悲しいのです。それを読んだ担任が、かわいそうと思って、新しいのを作ってあげているわけです。

それで、私は、「待ってください」と言ったのです。

「これは、とってもいい体験です。いやだけど『ノー』と言えなかった。これは、みんなにすごくいい経験になりますから、それは作らないでください」

そうしたら、そのやりとりを見ていた三歳の子ども達が、私を蹴っ飛ばしに来たのです。

「おばちゃんなんか向こうへ行け！　向こうへ行け！　出て行け！」

それは、担任の先生がみずきちゃんのために作っているものを、私が作るなと言ったのを聞いて、怒っているのですね。みずきちゃんはワンワン泣いているのです。

そこで、私は、その時きちっと話しました。

「みずきちゃんはね、お母さんといっしょに作ったネックレスだから、価値がある。それを、あげたくなかったんでしょ？」

「うん。あげたくなかった」

「でも、大きいお姉ちゃんが、『ちょうだい』って言うと、『いやだ』って言えないのよね」

「うん」

本当に、園児の上下関係というのは、高校生、中学生の運動部より、もっとすごいのです。大きい子に「ちょうだい」と言われたら、絶対あげてしまうのです。

それで、私は、みずきちゃんに言いました。

「でもね、これからこういうことがいっぱいある。その時、いつもいつも、また次があればいいけれど、そうじゃない。それから、一番大事なのはね、『いや』と言えなきゃいけない。『いや』と言うの、とっても難しいことがある。大人だって『いや』と言いにくい時がある。でもね、言わなきゃならない。今は、小さいから、みずきちゃん、いっしょに行ってみましょう」

それで、取り返しに行こうと言ったら、みずきちゃんは、行けないと言うのです。しょうがないから、「年長のやっちゃんを連れて来るから」と言って、私が年長の部屋に行きまして、この話をしたのです。

「やっちゃんってどの人？」

「この子」

「じゃあ、来てくれる?」

「うん。いいよ」

と言って、来たのです。

それで、私は、こう言いました。

「お母さんといっしょに作って、みんなお家に持って帰った。みずきちゃんのも、お母さんにプレゼントするネックレスだった。それをやっちゃんは知らないで、『ちょうだい』と言ってもらっちゃった。だから、みずきちゃんのお母さんから、『すごく悲しかった』とお手紙が来た。みずきちゃん、そうでしょ?」

「うん」

「じゃあ、おばちゃんがそれだけお話ししたから、みずきちゃん、やっちゃんに『あれは大事な物だから返して』って言えるかな?」と言ったら、みずきちゃんは泣きじゃくりながら、「あれは大事なね、お母さんと作ったネックレスだから返して」と言いました。そうしたら、やっちゃんが、「うん、分かった。今日は持って来なかったから、明日持って来て返す。みずきちゃん、それでいい?」と言ったら、みずきちゃんは、「うん」とうなずきました。

そこで、私は、三歳の子ども達に聞きました。

「ぼく達みんな、おばちゃんのこと、蹴っ飛ばしてくれて、おばちゃんは痛かったけど、いいお友達だなと思った。でもね、蹴っ飛ばして、みずきちゃんとお母さんといっしょに作ったのをあげちゃって、先生に作ってもらったのを持って、お母さんにプレゼントするのと、自分で作ったのをお母さんにあげるのと、どっちがいい？」

「作ったのの方がいい。自分で作った方が」

「今度ね、ぼくのおもちゃも、『ちょうだい』って年長さんのしょうた君が言うかもしれない。『いやだなあ、あげたくないな』と思っても、あげちゃうんでしょ？」

「いやだ！　ぼく、今度、絶対に『いやだ』って言う」

「あ、そう。君は？」

「ぼくも、『これは大事な物だからあげない』って言う。いやな時は、いやって言う」

「そうです。いやな時は、『いや』って言わなきゃならない。『いや』って言うのってすごく勇気がいる。でも、これからみんな、そういうことにいっぱい出会うの。大人になっても、そういうことってあるのよ。だからね、みずきちゃん、一度失敗したから、ずっと大人になっても、いやな時は、『いや』って、今度は言えるでしょ?」

「うん。言える」

「幼稚園は、こういうことをする場所なの。だから、みんなも、おばちゃんのことを、『出て行け』って蹴っ飛ばしたけど、みずきちゃんのすごくいいお友達。みずきちゃん、素敵なお友達でうれしかったでしょ?」

「うん。うれしかった」

「そう。蹴っ飛ばしてくれてよかったよね。友達ってそういうものだ」

するとやっちゃんだけではなく、年長も全員来て、ずっと聞いているのです。

「あなた達もこういうことがあるでしょう? どうする?」

「いやな時は、ぼく達も『いや』って言う」

「そう。やっちゃん、何か言うことある?」

「あのね、今度から、私、小さい子にね、何かもらう時は、『いいよ』って言っても、『お母さんに聞いてみな?』って言う。お母さんがいいって言ったらもらう」

「そう。素敵なお姉さんだ」

こういう場がたくさんなければいけないのです。

ですから、トラブルが起こったり、けんかが起こるというのは、最高に人間を育てるのです。でも、裁き方というか、対応の仕方が難しいのです。

●幼児期のいじめ

いろんな園で、私は、いろんな体験をするのですが、やっぱり、幼児期からいじめがあるのです。

何でもないようですが、さりげなく、大きないじめをやっているのです。

＊　＊　＊

ある園に転勤して行きました時に、ちはるちゃんという子を、みんなが「鼻ったらしのちー」と言っていたのです。

四月の二日の日に、前の園長さんと私が事務の引き継ぎをやっていましたら、そのちーちゃんという子が来たのです。

私を見て、「だあれ？」と聞きました。そうしたら、前の園長先生が、「今度の園長先生よ」と私を紹介しました。それで、私も、「よろしく」と言ったら、ちーちゃんが、「あのね、園長先生、私のこと、誰も手をつないでくれないの」と言ったのです。前の園長先生が、「今ね、園長先生は大事なお話をしているから、木村先生のところへ行ってらっしゃい」と言ったら、ちーちゃんは走って行きました。

私は、また来るぞ、と思っていたら、そのちーちゃんがまた来たのです。

「行ったけどね、誰も私と手をつないでくれないの」

前の園長先生が、また立って行こうとされたから、私が言いました。

「先生、待ってください。もう、昨日からこの園は私の保育園ですから、私が話します。どうして、手をつないでくれないの？」

「みんながお散歩に行く時に、二人でお手々つないで行くのに、私と誰も手をつないでくれない」

私はちーちゃんの顔を見ました。

「今度の園長先生もね、ちーちゃんとなんか、絶対に手をつないで行きたくない！」

「どうして？」

「だって、あなたのお顔、見てごらんなさい。鼻くそいっぱいくっついて、青い鼻、どろっと出してて。私、あなたとなんか手をつなぐのもいやだし、前でご飯食べたら、ご飯もまずくなっちゃう。あなたとなんか、絶対に手をつなぎたくない。お鼻がきれいに拭いてあったら、手をつなぎたい」

「わかった」

そして、彼女は走って行って、しばらく来なかったのです。

ところが、事務をやっていましたら、また来たのです。もう、今度は私だけです。

「今度の園長先生、鼻きれい？」

「おぉ、きれいになってる。何で拭いたの？」

きれいになっているけれど、鼻のへんが何か黒くなっているのです。

「あのね、ティッシュで拭いたけどね、よく取れなかったから、新聞紙に水つけて拭いた」

「あら、そうなの。だから、新聞の黒いのがついちゃったのか。じゃあ、お顔、きれいに拭いてあげるから待ってて」

私は、給食室からお湯をもらって来て、タオルで拭いてあげました。

「ほら、こんなにきれいになった。こんなにきれいになれば、私は、手をつなぐどころか、抱っこしてあげたい」

そこで、前の園長先生に「待っていてください」と言って、ちーちゃんを抱いて行って、担任に預けて、戻って来たのです。

その日に、ちはるちゃんの入園からの記録を見ましたら、毎日毎日、鼻をたらして来て、みんなに、「鼻ったらしのちー」とあだ名をつけられて、呼ばれている。親に話したけれども、お医者さんに行った様子もなく、ずっと「鼻ったらしのちー」と言われている、と書いてあって、実に、九人の保育者が印鑑を押しているのです。

私も翌日から見ていますと、確かに、みんなに、「鼻ったらしのちー」と言われているのです。

ところが、このちーちゃんが、一日に何回も何回も来て、「園長先生、鼻きれい？ 鼻きれい？」と聞くのです。「あぁ、きれいよ。きれい」と言ってあげる。毎日毎日、言いに来ていましたが、そのうち、言いに来なくなったのです。見てみると、いつもきれいなのです。

それなのに、子ども達は、「鼻ったらしのちー」と呼ぶのです。

＊　＊　＊

ある日、園児全員と先生方を非常招集しました。「全員集まってください」。ホールに集まって集会です。

「今日はね、ちはるちゃんのお話をする。ちはるちゃん、この頃、お鼻どう？」と言ったら、みんなが、「きれい。いつも、お鼻拭いてるよ」と言います。

「そう。本当にいつもきれい。でも、みんなは、ちーちゃんのことを、『鼻ったらしのちー』って呼ぶんでしょ？」

「うん。そう呼んでる」

「鼻をたらしている時に、『鼻ったらしのちー』って呼ぶのは仕方がない。だけど、鼻をたらしていない時に、『鼻ったらしのちー』って呼んでいいのかな？」

「わるいと思う」

「じゃあ、もう、鼻をたらしていないから、ちーちゃんをなんて呼ぶ？」

「ちーちゃんとか、ちはるちゃんって呼ぶ」

「そう。じゃあ、お話は、これでおしまい」

●そして、いじめっ子もいじめられっ子も変わった

そして、しばらく経ちまして、七月のちょうど、十二日です。その話をしてから一カ月ぐらい経っています。

その日の朝、ちーちゃんが来て、

「園長先生、おはよう」

「おはよう」

「私ね、明日、サイクリングだから練習しなくっちゃ」

世田谷の馬事公苑の側に、総合運動場というサイクリングコースがあります。そこに、自転車に乗れるようになったら、みんなでサイクリングしに行こうということになっていました。

明日はサイクリング、という前の日に、ちーちゃんが来て、自転車を出して、乗る練習を始めたのです。

そうしたら、なぜか、一番、「鼻ったらしのちー」と言っていじめていた男の子の

わんぱく四人がテラスに出て来て、「ちーちゃん、がんばれー！」と、一生懸命言っているのです。すると、ちーちゃんも、「うん。がんばる」と言って、ふらふらしながら、一生懸命練習をしているのです。

そのうち、何を思ったか、その四人が、パラパラッと靴を履いて追いかけて行って、物置から自転車を一台ずつ出して来て、ちはるちゃんの後ろから、そろそろそろそろ四人が行列して、とうとう、園庭をふらふらしながら一周して来たのです。

四人が、「やったー！　明日、これでサイクリングで乗れるね」と言ったら、ちーちゃんは、「うん」と言って、ニコニコしながら、練習を続けていました。

夕方になって、私がちょっとそのことを書いておこうと思って、「みんなの連絡帳持って来て」と言って、連絡帳に書いていたら、その四人がうれしそうに見ているのです。

その時、その中の一番わんぱくのさいとうたかゆきちゃん、このたかゆきちゃんは、担任が、「もう、やめたい。胃が痛くなる」と言うくらい暴れ回っていた子ですが、そのたかゆきちゃんが、「ぼくね、何だか知らないけどね、『ちーちゃん、がんばれー！ちーちゃん、がんばれー！』って言った時に、涙が出そうになったよ」と言ったのです。すると、みのるちゃんが、「えー！　たかちゃんも？　ぼくもだよ」と言って、しょうじ君も、「ぼくも何だかね、あの時、涙が出そうになったんだよ」と言うのです。

私は、それを連絡帳に書きながら、「すごい。あなた達は、四年間も五年間も、ちーちゃんのことを『鼻ったらしのちー』と言ってきた。でもね、こうしてちーちゃんがやっている時、みんなが応援してくれて、涙が出るほどちーちゃんって素敵な子どもになってきた。みんなが仲間に入れてくれて、本当に素敵な子ども達。先生、とってもうれしい。だから、そのことを今書いているんだ」と言いました。

そうしたら、そこへちはるちゃんが飛んで来たのです。それを聞いていたのです。

そして、そーっと私の耳に口を寄せて話したのです。

「園長先生。あのね、みんなが、私に自転車を勝たせてくれたことも書いてあげてね」

「そう、それも書くね」

●泣いて登園するまさこちゃんが一日で変わった

私は、幼稚園でも保育園でも学校でも、教師が本気になれば、絶対にいじめなんか起こらないと思うのです。私は、いじめというのは、絶対に教師がくい止めることが出来ると思います。

それを、みんな聞き慣れてしまって、何となくいじめて、何となくいじわるされている。いろいろな園に行ってみて、雨が降ったり、風が吹いたり、寒い日なんかに戸を開けて、戸の一番入り口の寒いところで、一人ひっそりといるような子どもは、大抵、自己発揮が出来ていません。もう、情景を見ただけで分かるのです。

それから、登園をいやがるような子どもも、いじめではないのですけど、自分から被害者意識を持って引っ込んでしまう場合もあるのです。

＊　＊　＊

ある時、これは一月だったのですが、出版社の方が「登園をいやがって泣いて来るような子どもを取材したいので、実際に、先生がそういう子どもを保育しているところを見せてくれ」と言ってきました。

一月は、みんな、もう慣れて、泣いて登園する子はいないのですが、フッと考えたら、一月によその園から転園して来た、さいだまさこちゃんという子がいたのです。

「あ、一人よその園から転園して来て泣いている子どもがいますから、じゃあ、その子と私、遊びましょう」と言いました。そうしたら、出版社の方が、「じゃあ、本吉先生が、今日一日、そのまさこちゃんと遊んだら、まさこちゃんは、明日からルンルンで保育園へ泣かずに来るのですか?」とおっしゃいます。

だから、私が、「私を取材したら、そうならなければ困るんでしょ?」と言ったら、担任が、「園長先生はひどい! 毎日毎日、まさこちゃんが泣いて来て、お母さんも私も困ってるのに、そんな、一日で魔法みたいに変えられるんだったら、早くやってくれればいい」と言います。私は、「それは分からないけど、まあ、やってみましょう」と言って、取材を受けました。

＊
＊
＊

ちょうど、一月のみぞれの降る寒い日でした。

部屋に入ったら、そのまーちゃん一人が、開けた入り口のところで、何やら作っています。廊下のない東京の公立保育園ですから、風が吹き込み、雪がちらちら入って来ます。

それで、「入って、出版社の人も、とにかく早く入ってください。ここを閉めないと、この子が寒いから」と言って、私はその入り口のところに座ったのです。

「何を作ってるの？」

「公園を作ってるの」

三十センチ角ぐらいのお菓子の箱のふたに、何やら化粧品の入っていたような箱や何かを、のりでくっつけているのです。ちょうど、彼女は、オロナイン軟膏の入っていた茶色い細長い箱にのりをつけていました。

「今度、それをくっつけるの？」

「うん」

「それは、なあに？」

「ベンチ」

「あぁ、そうよね。公園にはベンチがあるし、ベンチらしい箱、ちゃんと見つけて、すごくいいじゃない。私もいっしょに入れてもらいたいんだけど、やらせてくれる？」

「いいよ」

「でもね、ここはいっぱい風が吹いて来て寒いから、お部屋の真ん中のストーブのある方へ行こうか」

「うん、いいよ」

そこで、真ん中に行きました。

そのまーちゃんは、泣いて来て、お友達もいないし、誰からも遊んでもらえていません。その寂しい子どもが、いきなり真ん中に行ったのです。

その時、ロッカーにちょこんと腰掛けている子が、二人いました。その二人の子達も、どっちかと言えば自信のない、ちょっと寂しげな子どもです。なおこちゃんと、けいこちゃんという二人です。その時、チラッと、私とその二人の目が合ったから、私がニコッと笑ったら、二人が側に来たのです。

その公園の空き箱が小さいから、私が、「もっと大きい箱をもらえば、お池も作れるし、ブランコやすべり台も作れるから、大きい箱があったら、もらおうか？」と言ったら、「いいよ」と言います。そうしたら、担任の田村先生が、大きいきれいな箱を持って来てくださったのです。

私は、出版社の人達に、「ちょっと手伝ってください」と言って、英字新聞を持って来て、「丸めて、お池の周りの石にしてください」とか、女の人には、「あなた、わるいけど、お池のあひるを作ってくださいますか?」と言って、手伝ってもらいました。

それで、「私といっしょに、ブランコ作ろうか? 紐を垂らして、ブランコに乗るお人形さんを私が作るから。じゃあ、まーちゃん、ここの棒のところ押さえてて、いっしょにつけよう」と言って、どんどんどんどん、すごい馬事公苑みたいな、お池もある公園を作っていったのです。

そして、側で見ていたあの二人の子ども達に言いました。

「あなた達もやりたい?」

「うん。やりたい」

「じゃあ、このまーちゃんに聞いてみれば?」

「まーちゃん、入れて?」

「うん。いいよ」

転園して来て初めて、自分が主役になって、「いいよ」と言ったのです。

子どもが三人になって、キャッキャッと言いながらやっていました。

●クラスのおかしな人間関係を正常に戻す

他の子ども達は、チラチラとこちらを見て、気になっています。変な大人が三人と園長先生が入って来て、いつも泣いているまさこちゃんが部屋の真ん中にいる。

そこに、はるはらけいた君という子が、チャーッと走って、部屋に飛び込んで来ました。

「あ、ぼくもやる！」と言って、いすをガタガタと持って来て、私の隣の一番いい席に座ろうとしたのです。まさこちゃんは避けるし、私も避けようとしたのですけど、ヒョイとけいた君の首根っこを捕えて、「あっちへ行け！」とやったら、ピョンと飛んでしまったのです。それを、クラス中の子どもがみんな見ているのです。

このはるはらけいた君は、運動能力は抜群にいいし、顔もハンサムだし、その日の洋服も何とも言えない素敵な洋服を着ているのです。かわいい子で、何でも出来るチャンピオンです。

それが、「あっちへ行け！」と言われた。二十人の三歳児がみんなギョッとしたような顔をしています。

そうしたら、けいた君は、私のところに来て、「園長先生なんか一人で遊べばいいじゃないか！　一人で遊べばいいじゃないか！」と言って、蹴っ飛ばす。そこで、私は、「一人でなんか遊ばない。園長先生は、泣いたり、困ったりしている人と一番先に遊ぶ。そんな、人を蹴っ飛ばしたり、『入れて』とも言わずに入って来て。ねぇ、まさこちゃん」と言ったのです。

「『入れて』とも言わずに一番いい席に座ろうとして、変だよね？」

「うん」

そうしたら、けいこちゃんとなおこちゃんも、「うん」と言いました。

＊　＊　＊

こういうことで、クラスの価値観を変えるわけです。

強い者がいばっていて、弱い者がいつもいつも端っこで萎縮している。これを見落としますと、一年中ずっと見落としていくことになります。クラスの人間関係がいびつなまま、子ども達は一年間を過ごすことになります。大変おそろしいことです。

つまり、この新人の田村先生は、すごくいい先生で、やさしい先生ですけれど、クラスのいびつな人間関係を見落とされているわけですね。

三歳だから、クラスの集団の全員が自信を持って、みんなが自分が一番と思っていなければいけないのです。そういうおかしい人間関係は、ちゃんと正常に戻していかなければいけません。

もちろん、翌日から、このまさこちゃんは、泣くどころか、ルンルンで来るようになりました。

●大人が本気で守れば、子どもは強くなる

つまり、本当に、「自分は命がけで守られているんだ」、「誰に何と言われようとあなたを守るよ」というようなものが見えた時に、子どもは自信を持つし、強くなる。

そして、そのように一人の子どもを守ることが、本当に正しいと思えば、他の子ども達もみんな納得します。

いじめには、いろいろな理由があるのですが、これを解決するのは、やっぱり教師

の仕事だと思います。

ひとりを複数でいじめるなどということは、とんでもないことです。それこそ、そういうことを見逃すような人は、教師として一番能力がない人だと思います。

これは、教える以前の問題です。子ども集団に、いい人間関係といい精神状態を作っておかなければ、子ども達は、勉強して努力するなどという気持ちにならないと思います。

＊　＊　＊

ですから、いじめの問題は、大人がきちっと関われば、解決出来ることなのです。

私は、学校の先生をやってみたいと思いますね。

子どもは、人生経験が七、八年とか十年なのです。先生は、少なくとも二十何年生きてきているのですから、両方の言い分を聞いて、大人として、「自分だったらこう思う」とか、「あ、それは、自分だって怒ると思う」とか、そういう本音をきちっと出していけばいいのです。

いじめの問題は、私は、先生にカギがある、と思います。「子どもがわるい」などと言っている場合ではないと思います。

幼児期の間は少なくとも園できちっと出来るし、それから、お母さん同士も、あまり気兼ねをしないで、本音で話し合って、いい関係を作っていった方がいい。

幼児期のいじめは、本当に、ちょっとしたことで変わるのです。

5章 学級崩壊と幼児期の育て方

甘えが足りなくて、落ち着きがない子ども達

今、問題になっている学級崩壊も、幼児教育のあり方に関係があると思います。

私は、NHKテレビで、二、三年前に放映した、大阪の小学校の学級崩壊のシーンを見て、本当にびっくりしました。あまりにも一年生が走り回る。先生が、「学校の教室はね、みんな腰掛けて、先生の話を聞いて、勉強するところなのですよ」と、何回言っても、全然、子どもが言うことを聞かない。

走り回る子ども達に途方に暮れた先生が、一番動き回る子どもを抱きしめた。そうしたら、先生にベターッと抱きついてきた。そこで、「あ、もしかしたら、甘えが足りないのかもしれない。それで、落ち着かないのかもしれない」と思って、この先生が、その走り回る子ども達を次々と抱きしめたら、やっと落ち着いてきた。

それを、テレビで見ていて、私は、思わず拍手をしました。

これは、小学校の先生には、もちろんみんなに見ていただきたいし、幼児教育関係の人には、これをよく分かっていただきたいな、と思います。

甘えが足りないと落ち着かない
勉強をはじめます
席についてー
トホホ
どうして？
コラ！
グイッ
あれ？
甘えが足りないのかな？
次々に、抱きしめてみよう！
ベタッ
ベタッ
ベタッ
ベタッ
勉強をはじめます

＊　＊　＊

学級崩壊がきっかけとなって、今、あちこちで、幼児期の子育てがどうも問題らしいということに気づき始めたようです。

私は子育て相談を幼稚園でしているのですが、お母さんは、下の一歳半とか二歳のお子さんを連れていらっしゃることがよくあります。そうして一時間ほど、お母さんとお話ししていますと、大抵、どの赤ちゃんも、お母さんにもたれかかってくるのです。そうすると、お母さんは、ごく自然に抱き上げます。

ところが、時々、絶対にお母さんのところに来ないお子さんがいるのです。

そういう時、私が、「お母さん、このお子さん、すごく静かで、全然泣いたりしない不思議な赤ちゃんですね。ちょっと抱いてみてください」と申し上げますと、「抱くのですか？」とおっしゃる。「ええ、ちょっと抱いてみてください」と言うと、お母さんは赤ちゃんを抱き上げるのですが、抱き方が変なのです。

お子さんを向こうに向かせて、脇の下に手をあてがって、膝の上に乗っけるのです。

赤ちゃんは、もう、ずり落ちそうで、抱いてもらったことがないらしくて、向こうへ行ってしまうのです。

「お母さん、それじゃあ落ちちゃうから。お母さんの方に向かせて、顔をお母さんの胸にベッタリとくっつけて、ちょっと抱いてみてください」

「えー、どうするのですか？」

抱いたことのないお母さんです。

それで、子どもは落ち着いていないのです。幼稚園でも、落ち着いていない。保育参観に行ってみても、動き回っている。

●「抱っこ」をしたくないお母さん

いつでしたか、学級崩壊をしている子ども達の親の会のお母さん達が、おおぜいテレビに出たのです。私は、それを見た時に直感で、「あ、このお母さん達、子どもを抱いていない」と思いました。

そういう方は、お話は、整然としているのです。子育ての理念も持っていらっしゃいます。「私はきちっと子どもを育てていきます」というインテリが多いのです。でも、子どものことが分かっていないのです。

だから、道を歩いていて、子どもが前に回って、「抱っこ、抱っこ」と言っても、「歩けるでしょ」と言って、歩いて行かせるのです。歩けるけど、「抱っこ」と言った時に、ちょっと抱いてあげれば、一歳、二歳の幼児は安心するのです。

これは、私の子育て相談でも、ずいぶんたくさんありました。「抱っこしてはいけないと思った。抱き癖がつくと思った」と言うお母さんが多いのです。

私が、「抱き癖などという言葉はないのですよ。どんなに抱っこしてもいいのです。抱けば抱くほど、自分で自律をして、『もう、いい』と言って離れていきます。それまで、抱いてください」と言うと、「抱くのですか？」とみなさんがおっしゃいます。子どもを抱くのがいやなのです。

ですから、「抱っこ」イコール「甘やかし」「抱き癖がつく」という、理論をちゃんと作ってしまうわけです。

それで、私が、「本当に抱っこしたら、永久に抱かれていたというお話、あるのですか？　聞いたことや読んだことがあるのですか？」と聞きますと、「ありません」とおっしゃいます。

甘えと甘やかしは違います。甘えはスキンシップです。それに対して、甘やかしは、親が子どもの要求を先取りして、子どもが困らないように、考えなくてすむようにしてしまうことです。この甘やかしは、してはいけないのです。ぜひ、甘えと甘やかしを区別してください。甘え（スキンシップ）は大切です。

子どもは、抱けば抱くほど、やさしいお子さんになります。

●学級崩壊とスキンシップに関係が

私が、その学級崩壊をしている子どものお母さん達、つまり、クラスで落ち着かない子どものお母さん達に、一番聞いてみたいのは、「子どもが『抱っこ』と言った時、心ゆくまで抱いてあげましたか？」ということです。

大阪の村上先生のおっしゃったように、「甘え」が足りないのが学級崩壊の原因だとすれば、私は、何となく分かるような気がします。

今からでもかまわないから、子どもを抱きしめてください。

＊＊＊

昔に比べて、今はスキンシップが足りない。これはもう、はっきりして、明白な事実なのです。

なぜかというと、私どもが小さい時は、全部、母乳だったのです。母親が結核とか、病弱とかという特別な場合以外は、ほとんど、全部、母乳で育ちました。

母乳というのは、片一方のおっぱいを飲むのに二十分から二十五分かかって、お母さんの胸に顔をくっつけて、片手でもう一方のおっぱいを触りながら、もう、本当のスキンシップです。両方空っぽになるまで飲むと五十分から約一時間、汗びっしょりでごくごく飲みます。

その間、ずっとお母さんは抱いていなければならないわけです。それで、ほっぺたを突っついたり、「かわいいわね。いっぱい飲みなさい」とか、「ゆっくり飲みなさい」とか、「汗、びっしょりね」とか、ずっと話しかけながら、まる一年間続けます。一日一時間で、最低五回は飲んでいます。

どんなに農家の忙しいお嫁さんであっても、子どもが生まれて、母乳を飲ませている時間だけは、親子の時間です。ちゃんと、神様は、そのように、この世の中に哺乳動物を送り出しているはずです。

これは、動物も、全部、同じことが言えます。馬でも牛でも、みんな生まれたてというのは、お母さんにくっついている。象が群れで歩いている時でも、必ず子象はお母さん象のところにくっついています。親子というのは、本能的にそれをやっているわけです。

＊　＊　＊

学級崩壊が起きるのは、飛躍するようですけど、たぶん、スキンシップが足りないからだと思います。

でも、そういうふうに言うと、必ず、育児雑誌の方がおっしゃいます。

「お母さんのわる口を書いたりしないでくれ。九十九パーセント親をほめて、批判的なことは一パーセントだけにしてほしい。そうでないと雑誌が売れない」

確かに、私も、子育て相談をやっていて、ここでお母さんを批判しても何にもならないな、といつも感じるのです。

しかし、本当のことを伝えなければ、いつまで経ってもよくなりません。

●自由保育と学級崩壊

それから、自由保育を学級崩壊の原因のように言う声もありますが、そういう人は、自由保育を全く理解していないのです。

確かに、現場にも自由保育イコール放任と勘違いしている人がいないわけではないと思います。自分達が楽をするために自由保育という言葉を使うとしたら、とんでもないことです。私は、それに対して、大変憤りを持っています。

自由保育というのは、すごいエネルギーを必要とします。子どもをしっかり見ていなければならないし、自由保育だからこそ、やる気のない子どもや難しいことをやりたくない子どもに、五時間も六時間もかけて、出来るまでつきあうことが出来るのです。

子どもは、最初は「うーん」と言って、いやがっています。そのうちにやり始めます。五時間、六時間やっているうちに、ついに出来るようになります。そうすると、多くの子どもが、「出来た！　やった！　先生、絵を描いてくる」と言って、パーツと絵を描いてきます。それが決まって赤い花の絵なのです。

これは自由保育だから出来るのです。その子一人にかかり切っているのですが、そのことを通して、周りの子ども達も育てることが出来るのです。

＊　＊　＊

自由保育というのは、子ども一人ずつの要求に全部応えながらも、結果として見た時に、クラス全体を育てている。

これがなければ、自由保育とは言えないのです。

●これが自由保育です

ある寒い日に、青森県の保育園に行きました。

「あー、東京のおばちゃんが来た。お客様だー」と言って、子ども達が玄関で出迎えてくれました。

子ども達は、みんな口々に、「あのね、おばちゃん、今日は、にわとりが死んじゃったんだよ」と言うのです。

「ああ、そうなの。にわとりが死んじゃったの。そのにわとりは卵を産むにわとりだったの？」

「そうなの。それでね、死んじゃった」

「どうして、死んだの？」

「あのね、強い雄鶏がいてね、それにつつかれて死んじゃったの」

「ああ、そうなの。卵を毎日産んでるにわとりだったの？」

「うん。毎日産んでたの」

「それはもったいない」

「えー。もったいないんじゃなくて、かわいそうなんだよ」

「そうよね。おばちゃんがね、なんでもったいないかというお話をこれからするから、ちょっと待っててね」

私は靴も脱がずに、ボストンバッグを持ったまま、子ども達と話をしていました。

そこで、ひょっと見ましたら、水飲み場で、粉薬を飲んでいる子どもがいたのです。

ゆかちゃんという女の子なのですが、見事に飲んだのです。水を口に入れて、粉薬をパッと入れて、ゴクンと飲んでしまったのです。「この子の粉薬の飲み方、上手だな」と思ったのですが、ゆかちゃんはサッサとコップを置いて、むこうへ行ってしまいました。

私は、ハンドバッグとボストンバッグを園長先生のお部屋に置いて、子ども達のお部屋に行きました。

「おばちゃんが、さっき、『もったいない』って言ったら、みんなが、『もったいないじゃない、かわいそう』って言ったでしょ。その違いはどうしてかと言うと、一つはね、おばちゃんは、この保育園で、にわとりを飼ってお世話をした人じゃないからなの。だから、死んじゃっても、あまりかわいそうと思わない。みんなも自分のお家の飼ってた犬や猫が死んだら、かわいそうって泣いちゃうけど、知らない向こうの方のお家の犬が死んでも、泣かないでしょ？」

「うん」

「それでね、もったいないって言ったのは、死んじゃったら、卵を産んでいたのに、産まなくなっちゃう。だから、もったいないって言ったの。もし、卵を毎日産んでいるんだったら、おばちゃんは、卵をもらいたかった」

そうしたら、「えー」と言って、ふしぎそうな顔をしている。

「どうして、卵をもらいたかったか、お話しするから聞いて」

「うん」

「あのね、おばちゃんは、スーパーで買ってきて、卵を食べる時にね、コツコツってやって、卵を割ろうとすると、何だか、卵がピヨピヨピヨピヨって言いそうなの」

「えー。分からない」

「みんなのお家、目玉焼きするでしょ？」

「うん。するよ」

「おばちゃんも目玉焼きするの。スーパーで買ってきた卵を割って、フライパンに入れるとね、黄身がトロトロって、こんなに広がってね、黄身がペッチャンコになっちゃう。白身もタラーッとなって広がるの。だから、ここの保育園でめんどりが産んだ卵をもらいたかった。分かる？」

「分からない」

「そう。みんなのお家の目玉焼きは、このくらい小さくて、ポコンと黄身が丸くて、上が白くなっているんじゃない?」

「そう。そうだよ」

「ね、おばちゃんちのは、平べったい目玉焼き。だから、もったいない、ここの卵をもらいたいって思ったの。どうしてだか分かる?」

「分からない」

「じゃあ、宿題に出す。これは、お家に帰って、お母さんかおばあちゃんに聞いてちょうだい。分かった?」

「おばちゃん、東京のおばちゃん、もっといっぱい宿題出して」

「もっといっぱい宿題出すの? それじゃあ、そうね」

と言ったのですが、私は、もっと宿題出せと言った子どもがお目当てなのです。「これはいい子どもがいてくれた」と思いました。

「じゃあ、明日ね、白い紙に、こういう丸を五十個描いてきてちょうだい」

年長さんで、もうすぐ一年生だから、この程度の宿題は大丈夫です。

「それからね、新聞に入っている広告の紙があるでしょ。あれをいっぱい持ってきてちょうだい。いっぱいない人は一枚でもいい。丸を五十個と卵のお話と広告の紙、三つも宿題。大丈夫?」

「大丈夫」

それから、私は、薬を飲んだゆかちゃんの話をしました。

「ゆかちゃん、さっきのお薬の飲み方、すごく上手だったけれど、あれ、誰に教わったの?」

「おばあちゃん」

「ああ、いいおばあちゃんね。どうしたら、ああいうふうに上手に飲めるの?」

「お水を少し入れて、飲まないで、そして、そこにお薬をポンと入れて、サッと飲んじゃえばいいの」

「ああ、そうなの。おばあちゃんは粉薬を飲むと、口の中じゅう苦くて、いやな味がして、粉薬は大嫌いなんだけど、あなたは上手だったわね。それから、そういうお薬の飲み方を教えてくれるゆかちゃんのおばあちゃんって素敵ね」

「うん」

そうしたら、子ども達が口を揃えて言い始めました。

「おばちゃん、ゆかちゃんはわるい人なんだよ。いじめっ子するんだよ。先生に叱られるんだよ。わるい人なんだ」

「おばちゃんはね、そういう人の噂で人を判断しないの。おばちゃんの目で見て判断する」

＊＊＊

さて、翌日になりました。

「おばちゃん、五十描いてきたよ。これで何するの？　早く遊ぼう」と子ども達が言います。

「そう。みんな宿題持ってきた。さあ、じゃあ、宿題のお話からしよう」と言ったら、二人の男の子が側に来たのです。

けんちゃんという男の子が、「おばちゃん、ぼくね、丸を五十描いたんだけどね、こたつの上に置いて、忘れてきちゃった。それで、お母さんに取りに行くって言ったら、お母さんが遅刻するから駄目って言ったから、持って来なかった」と言いました。

「そう。宿題を忘れると今日は大変よ。面白くない日になる。じゃあ、卵のお話、お母さんにした？」と言ったら、

「うん。した」

「じゃあ、ちゃんと座っていなさい。遊ぶのは人のお手伝いになるかもしれない」

そうしたら、それを心配そうに見ていたしゅんすけちゃんという子が、

「おばちゃん、ぼくもね、持ってこなかった」

「あ、そう。忘れちゃったの？」

「ううん。忘れなかったけど、白い紙がなかった」

「あ、そうなの。卵のお話はした？」

「うん。したよ」

「そう。じゃあ、広告の紙もお家になかった？」

「うん」

「じゃあ、ぼくのお家には、新聞屋さんは、朝、新聞を持って来ないんでしょ？」

「うん」

「ぼくの家、お母さんいるよね？」

「うん。いるよ」

「赤ちゃんはいるかな？」

「いるよ」

「お父さんはいないよね?」

「うん」

これで、家庭の状況が全部分かったわけです。母子家庭で、新聞を取っていない。だから、広告の白い紙もない。そして、難しい卵のお話は、お母さんにしたと言っています。

昨日、「もっと宿題出して、出して」と言った元気のいい男の子達は、おそらく、卵のお話の宿題はしていないと、私はにらみました。

そのうちの二人は、もう、心配で心配で、みんなが描いてきているのに、一人はこたつに置き忘れてきた、もう一人は紙がなかったから出来なかった。もう、ドキドキで来ているわけです。

「そう、二人とも、忘れたことは事実なんだから、今日は、もうしょうがない。さあ、昨日、もっと宿題出してと言った人達に聞きます。卵のお話、お母さんにした?」

「忘れちゃった」

さあ、私は雷のような声で爆弾を落としました。

「忘れるはずはない！　どうしてお話ししなかったの？」

「面倒くさかったから」

「そう。はい、もう一人。ぼくは？」

「ぼくも忘れなかったけど、お話、面倒くさくて難しかったから」

「その次。ぼくも、もっと宿題出してと言ったわね。はい、卵のお話、お母さんにした？」

「忘れなかったけどね、おばちゃんのお話をよく聞いていなかったから、分からなかった」

「そう。じゃあ、みんながわるい人だって言ったゆかちゃん。おばちゃんは、ゆかちゃんが大好きなんだけど、聞いてみよう。ゆかちゃん、お話しした？」

「したよ。あのね、おばあちゃんとお母さんにお話ししたらね、うふふって笑ってね、おばあちゃんが、『東京の卵は古いんでしょ。卵いっぱいあるから、東京のおばちゃんに新しい卵を持ってってあげなさい』って言ったよ」

「あら、そうなの。やっぱり、やさしいおばあちゃんとお母さんだ。あのね、お母さんとおばあちゃんがやさしいと、子どもも必ずやさしい人になるんだって。ゆかちゃん、よかったね」

みんな変な顔をして聞いています。

それから、今度は、忘れてきたしゅんすけちゃんに聞きました。

「しゅんすけちゃんも、お母さんにお話しした？」

「うん。したよ」

「お母さん、何ておっしゃった？」

「あのね、ちょっと笑ってね、『東京の卵は古いんでしょ。しゅんすけは青森でよかったね』って言ったよ」

「あー、よくお話が出来たんだ。けんちゃんは？」

「ぼくもお母さんに言ったよ。そうしたら、お母さんが、『東京の卵は古いんでしょ』って言ったよ。お姉ちゃんが、うふふって笑ったよ」

お話しした子ども達は、うれしそうです。

＊　＊　＊

さて、その後です。

「おばちゃん、この丸、五十、どうするの？」

「うーん。じゃあね、持って来た広告の紙に、卵一パック九十八円とか、トマト一盛り二百円とか、いろんなのがいっぱいあるでしょ」

「うん、ある、ある」

「それをチョキッと切って、お店屋さんごっこをしてもいい。その丸はね、お金を作ってちょうだい」

「ああ、いいよ」

そこで、私は、お財布の中に一円から五百円までありましたから、そのお金を出してみました。

「お金って、五百円とか百円とか五円とか、いろいろあるのよ」

「うん、分かった」

と言いながら、子ども達がお金を作り始めました。

いろんな子どもがいるのです。

「ぼく、一万円知ってるよ。丸四つだよ」と言う子は、全部、一万円を作っています。

「ぼく、百円知ってるよ」と言う子は、百円ばかり。四十七円、四十八円、四十九円も作っています。

「ぼく、五が書けるもん」と言って、五円を描く子もいます。

しかし、大多数の子どもが、なぜか、一、二、三と、一円から五十円玉まで作るのです。これが、私の頭の中にあるわけです。幼児でなければ出来ないお金です。

みんな、お金をチョキチョキ切り始めました。

先生方が、お店屋さんになりました。果物屋さんもあれば、お菓子屋さんもあるし、靴屋さんもありました。

みんな、自分達が作ったお金を使って、買い物をします。一パック九十三円の卵も五十円と四十三円があるので簡単です。二千円の靴も千円二つで買っています。面白いお店屋さんごっこが出来ました。そして、一日、楽しく遊びました。

ホットケーキのおやつを食べている時に、子ども達が言いました。

「おばちゃん、また宿題出して」

「じゃあ、もう一回宿題を出します。今度は、みんなが出来る宿題にしたい。何にしようかな？　そうだ。今度はね、月、火、水、木、金、土、日、これをお家で書いて、覚えてきてちょうだい」

これを言いますと、大抵、現場の先生方でも、お母さん達でも、「えー、宿題？　幼児なのに」と言います。でも、子どもは記号として覚えますから、簡単に覚えるのです。

＊＊＊

さて、翌日、子ども達は、月、火、水、木、金、土、日を書いて、覚えてきました。ちょうど三月です。

「よかったね。これで、カレンダーというのを作ろう。ぼく達、入学式いつ？」

「分かんない」

「卒園式は？」

「えー。先生、何日？」

「そう、そういうのはね、幼稚園や保育園の時は、『明日は何日？』とか、『今日は何曜日？』とか、お母さんに聞けばよかった。でも、一年生になったら、月曜日は算数と社会があるとか、火曜日は体育と音楽だとか、それに合わせてランドセルの中に、教科書や要るものを入れなければならない。何曜日か分からなかったら、学校へ行けないよ」

「ふーん」

「だから、カレンダーは大事なものなの」

「うん」

さあ、その朝からカレンダー作りが始まりました。ほとんどの子どもが、全部書いて覚えてきました。
三、四人、ちょっと助けを必要とする子どもがいました。どの字かと言うと、金曜日。「金」という字だけは難しいのです。そこで、私は、その金曜日の書けない子どものところに行って、言いました。
「おばちゃんはね、みんながやる、碁盤の目みたいなカレンダーじゃなくてね、横にずーっと線を引くカレンダーを作りたいんだ。これはね、たくさん線を引かなくちゃならなくて、ぼくの時間が足りなくなるといけないから、おばちゃんにちょっとやらせてくれない？」

「いいよ」

そして、線を引きながら、「じゃあ、今度、ぼくが引いて」と言って、所々引かせてみます。

それから、縦に線を引いて、

「おばちゃんがここに、月、火、水、木、金、土、日と書く。数字はね、四月の一日から、1、2、3、4と書いていく。四月の一日は何曜日かな？　あら、木曜日だ。じゃあ、一日の時、木曜日と書く。ちょっと大変だから、私がやってみるね」

と言って、私は、月、火、水、木と書きました。

「ぼく、わるいけど、金、土と書いてくれる？」

「いいよ」

その子が、金、土と書きました。

「日、月、火、水と、また、おばちゃんが書いた。じゃあ、今度はぼくが、金と書いて」

「いいよ」

「ぼく、金が書けたね。今度、おばちゃんね、月、火と書くから、ぼく、水、木、金と書いて」

「うん、いいよ」

と言って、その子が、水、木、金と書く。

これが、自由保育です。この子に合わせて、そして、出来る子どもにも、一人ずつ声をかけて、見守りながら、必要とする部分をお手伝いするわけですね。

出来る子どもは、本当に、一日のうちに九月まで作ってしまいました。四月だけしか作れない子どももいました。

＊＊＊

そういうふうに、子どもを見守りながら、一人ずつ、要求しているものの質、量を見ながら、こちらの頭を回転させてやっていくのが、自由保育です。その反対に、みんなを机に座らせて、いっせいに紙を配って、同じものをきちっとさせるのが、管理保育です。この違いを、お母さん方によく考えていただきたいのです。

●いろんなハプニングの中で「生きる力」をつける

もう一つ、自由保育の例をあげましょう。

ある園に行って、子ども達と四日間遊びました。

男の子達が、「サッカーしよう、サッカーしよう」と言うので、サッカーをして遊びました。見ていると、女の子達がサッカーについて行かれないのです。

そこで、私が、「おばちゃんも、保育園の先生を長いことしてきたんだけれど、サッカーというのは、どうも、女の子にあんまり受けない。ドッジボールだったらみんなが同じように力を出し合えるから、ドッジボールをよくやったんだけど、ドッジボールというのしたことある?」と言ったら、「ない」と言うのです。

「そう。今は、サッカーがはやりだものね。じゃあ、ドッジボールってこういう遊びなんだけど、聞いてくれる?」と言って、まず、図面の上で説明しました。

「ドッジボールってこうやって遊ぶの。やってみる?」

「うん。やってみる」

さて、庭に出ました。

線を引くことまでは、私の話で分かっています。だから、ダーッと、棒で線を引き始めました。ところが、中心線を決めるのが大変です。

「どうしたらいいかな?」と聞くと、子ども達はいろんなことを言います。その時、私は、わざと、中心をちょっと外して線を引いて、「これでいいの？」と言ったら、子ども達は、「いい」と言って、無造作にやっています。

つまり、体験していないから、方形のコートの面積が、片一方が広くて、もう一方がせまくても、それが勝負に関わってくるなどということは、分かっていません。それで、四、五回やりましたら、コートの大きい方が勝つわけです。

そこで、

「変だ。どうしてだろう？　こっちはせまいから、ボールが当たりやすいのかな」

「そうだ。いいところに気がついた。じゃあ、どうする？」

「もっと、こっちにすればいい」

と言って、線をずらして、引き直しました。

「これじゃあ、やっぱり変だ。ちょうど真ん中がいい」

「ね、紙だったら、ちょうど真ん中で折れるけど、お庭は折れないものね」

そこで、子どもは、歩幅で数えたり、手をつないだり、いろんなことをやります。

最後は、縄跳びの紐を持ってきて、つないで、そして、真ん中から折って、苦労してやっと中心線を決めました。そして、遊びました。

遊んでいるところに、小さい子が入って来ました。その子が入って来ると邪魔になって、上手く出来ません。

でも、子ども達は許すのです。自分達より小さいとか、幼いとか、直感的にこの子はちょっと理解力が乏しいなという子どもに、徹底的にやさしいのです。出て行けなんて誰も言いません。

でも、その子は傍若無人に振る舞うわけですね。それで、ボールも自分が取っちゃおうとします。でも、年長達はみんな、その子に渡すのです。

たまたま、その子にボールがぶつかって、外野に出たりすると、子ども達がホッとします。それから、小さい子は、興味の持続時間が短いから、出て行きます。そして、また、入って来る。

こういう中で、本当にやさしさが育つのです。

＊　＊　＊

ところが、ドッジボールをやっている園庭の側に畑があったのです。子ども達がホーレン草とさやえんどうを植えている畑です。そこへボールが行くと、踏んでしまうのです。

「あら、何だか、ここ畑みたいだけど踏んでいいの？」と言ったら、子ども達は、「踏んだら、駄目」と言います。

「でも、これだとよく分からないから、踏んじゃうよ。どうする？」

「そうだ。先生が、『ここへ入ってはいけません』と書けばいい」

そこで、先生が書きました。

そうしたら、子ども達の一人が、「でもね、小さい組の人は読めないよ」と言う。別の一人が、「読めない人がいるからホーレン草とさやえんどうの絵を描けばいい」と言う。それで、みんなお部屋に入って、紙を持ってきて、描いたのです。

「これをどうするの？」と聞いたら、「旗みたいに立てる」と言う。

主任が、直径4、5センチもあるような竹の竿だとか、角材の棒とか、細い棒とか、いろいろな棒を持って来ました。長いのは子ども達が切り始めました。サーッと紐を持って来て、「ここ、真ん中だ」とつぶやいて切っている子もいますし、無造作に切っている子どももいます。そして、その棒に、自分達のホーレン草とさやえんどうを描いた絵をくっつけるわけです。

セロテープの使い方もいろいろで、二カ所につける子もいるし、ベッタリつける子どももいるし、いろいろなつけ方をします。

みんな出来たので、畑へ行き、その棒を刺します。小さな畑に何十本も旗が立っている。

それから、また、ドッジボールが始まるわけです。

●一人の子に気のすむまでつきあう

最後の四日目の日も、また、ドッジボールをして遊びました。今度は、もう、畑の心配もなくなり、思い切り遊びました。

三日間休んでいたみなこちゃんが、その日、初めて来ました。それで、みんながドッジボールをしているからびっくりしています。自分は、ルールも何にも知らない。「あ、じゃあ、おばちゃんといっしょにやりましょう」と言って、私は、みなこちゃんといっしょにやりました。

お昼になって、「お昼ご飯よ」と言って、みんながご飯を食べるために、お部屋に入ることになりました。

その時、みなこちゃんが私のところへ来て、

「ねえ、おばちゃん、私ね、鉄棒出来るから見て、見て」

「あぁ、いいわよ」

つまり、そのみなこちゃんは、三日間休んでいる間に、私と他のお友達がみんなで遊んでいた。自分は休んでいて、遊べなかった。何となく、そういう思いがあったのだと思います。

私の洋服を引っ張って、「ねえ、見て、見て」と言いました。見ていると、逆上がりをいくらでもやります。

その途中で、先生方が迎えに来てくださいました。

「先生、お食事です。冷えますから、どうぞ。それから、みなこちゃんも、もう、みんなお給食を食べているから、いらっしゃい」

でも、そのみなこちゃんは、もっともっと、私に見てもらいたいのです。

今度は、うんていのところに行って、「やれるから、見て、見て」。それも見ました。途中までで落っこちてしまうから、ちょっと抱いてあげました。

うんていをやっている時も、また、迎えに来ました。それでもやっていました。それで、私はこう言いました。

「みなこちゃん。このおばちゃんはね、あなたが、『見て、見て』と言った時、『もう、いい』と言うまで、ちゃんと見ててあげる。大丈夫よ、安心してて」

そして、もうやることがなくなったと思ったら、泥山があったのです。

「山も登れるから」

「あ、すごい」

そして、泥山に登って、みなこちゃんの気が済むまで遊びました。

＊　＊　＊

もう、みんなは、お食事が終わって、ごちそうさまをして遊び出していました。

みなこちゃんと私は、遊び終わって、部屋へ入ることになりました。みなこちゃんは、子どもの方の玄関へ行けばいいのです。ところが、私が事務所の方へ行ったら、みなこちゃんもついてきたのです。

私は、子どもと遊びましたから、靴が泥んこでした。その靴を脱いで、事務所の玄関に置いたら、みなこちゃんがその泥んこになった靴をパッと持って、自分の洋服で靴の泥を拭いたのです。

「あら、あなたの洋服が泥んこになっちゃうから、お洋服で拭かないで」と言ったら、今度は、手できれいに私の靴を拭いて、「おばちゃんが、すぐ履けますように」と言って、履きやすいように並べて置いたのです。

このみなこちゃんも、集団に入れない子どもでした。

●本物の自由保育が出来たら、学級崩壊は起こらない

これが自由保育なのです。

自由だからいろんなことが出来るのです。その場、その場で、いろんな発展があっていいわけです。

ですから、その時に、旗を作るなどということも、もし、自由保育でなかったらやれないでしょうし、そういう別の活動があっても子どもは平気なのです。楽しくてたまらないのです。

一人の子に気のすむまでつきあう
鉄棒できるから見て、見て
ねえ見て、見て
うんていやれるから見て、見て
見て、見て
先生、みなこちゃんお食事ですよー
「もういいよ」と言うまで見てるから安心してて
見て、見て
おばちゃんがすぐはけるようにきれいにしょう

ドッジボールを三時間やるよりも、ちょっと別の遊びがあって、また、ドッジボールをして、それから、小さい子が入って来たり、何かいろいろなことがあって、そして、人間教育が出来ていくわけです。

＊＊＊

ですから、本物の自由保育が出来る人というのは、三十万人以上いる保育者の中で、何人いるかな……、私の知っている限りでは、数えるほどしかいないと思います。

そういう保育が出来ないから、管理してしまうわけです。管理保育というのは、失敗しないように、ロスなく、最短距離をスピード上げて、パッと目標を達成することを目指します。

自由保育というのは、そうではなくて、目標を達成するまでには、子ども達にあらゆる豊かな体験をさせていく。そして、その体験の中で、自主性、集中力、意欲、思いやりといった「生きる力」の土台になるものを育てるのです。

それをやれるだけの能力が保育者になければ、自由保育はやれないのです。

＊　＊　＊

学級崩壊とか、不登校とか、集中しないとかというのは、本物の自由保育が出来ていないからなのです。

そのために、自主性も集中力も意欲も思いやりも育っていない。だから、学校に行って困っているわけです。

素晴らしい自由保育をみんなが出来たら、学級崩壊のようなことは、決して起こらないと思います。

そこに求められるものは、保育者の頭脳と親の理解です。

●困った体験の中から「やれば出来る」自信が

「缶ポックリを作ります。子どもが履きやすい大きさの缶を二つ持たせてください」と園からのお知らせです。

園では、適当な長さの紐や釘などを用意して、缶には穴をあける所に印をつけ、子どもが考えず、困らないようにして、全員がさっと缶ポックリを作って、遊ぶ――こういう保育を、お母様方は望まれますか？

それとは別の保育があります。

一個の缶ポックリを見せて、欲しい、作りたい、と意欲を持たせて、自分で缶を求めるところから始め、プリンの缶や、細長いジュースの缶、赤ちゃんのミルクの大缶などを持って来て、紐は毛糸や紙紐などを長さも思い思いに切り、缶の穴も真ん中に二つあけたり、缶の周りに適当に二つ錐であけたり、紐を苦労して通して、何と内側にセロテープで貼って……、一歩歩いたとたんに紐が抜けてしまう、短すぎて持てない、大きい缶は重くて歩けない、などなど、幼児はたった一対の缶ポックリを、失敗を繰り返しながらも、自分で目標を持って、いきいきとやり通して、達成感を得ていきます

このような試行錯誤の中で、子どもは「やれば出来る」という自信を得て、強くなっていきます。

発表会も、歌を歌わせられたり、お遊戯やせりふを覚えさせられて、言われた通り

に整然とすることが目標ではないのです。

劇活動をする中で、一人ひとりの幼児が、読書の基礎が出来、読書の好きな人間になり、良い音楽を聴き、良い表現を見て、自分もやって感動を体験し、あらゆる文化を吸収しながら、深く生きていくことが目標なのです。それを、子ども達は遊びの中で、楽しく面白く経験していくのです。

おもちゃを持ってくること禁止。保育者が環境をすべて整備し、指示して教えて、模倣させたり、覚えさせたりして、ご家族に整然としたところを見せることは簡単ですが、それで、子どもに「生きる力」は育つでしょうか。

忘れ物で困った。大事なおもちゃを壊された。水溜りで遊んだら……靴が濡れて、気持ちが悪かった。散歩の途中でトイレに行きたくなって……。

そうした、豊かな体験をしながら、幼児は一歩ずつ、自分に必要なものを、確実に身につけていくように思います。

本吉圓子
（もとよし・まとこ）

東京都に生まれる。東京家政学院卒業。公立保育園の園長から大妻女子大学、聖心女子大学の講師を経て、現在、生活保育研究会代表として子育て相談や保育の指導に活躍している。著者の援助で困った子が劇的に変わる例が数知れずある、保育実践の第一人者。

本吉圓子の
失敗させる! 6歳までの子育て

2004年 6 月 1 日　初版発行
2007年 8 月29日　第 4 刷発行

著者　本吉圓子
発行者　髙松謙二
発行所　株式会社新紀元社
〒101-0054
東京都千代田区神田錦町3－19 楠本第3ビル4F
Tel 03-3291-0961 Fax 03-3291-0963
郵便振替 00110-4-27618
http://www.shinkigensha.co.jp/
編集　新紀元社 編集部
デザイン　スペースワイ
DTP組版　株式会社明昌堂
印刷　株式会社シータス
製本　株式会社豊文社

ISBN978-4-7753-0281-1